上海市工程建设规范

节约集约建设用地标准

Standard for economical and intensive use of construction land

DG/TJ 08—2422—2023
J 16930—2023

主编单位：上海市地质调查研究院
批准部门：上海市住房和城乡建设管理委员会
施行日期：2023 年 8 月 1 日

同济大学出版社

2023　上海

图书在版编目(CIP)数据

节约集约建设用地标准／上海市地质调查研究院主编. —上海：同济大学出版社，2023.12
ISBN 978-7-5765-0972-4

Ⅰ.①节… Ⅱ.①上… Ⅲ.①城市土地－土地利用－标准－上海 Ⅳ.①F299.275.1-65

中国国家版本馆 CIP 数据核字(2023)第 213835 号

节约集约建设用地标准
上海市地质调查研究院　主编

责任编辑	朱　勇
责任校对	徐春莲
封面设计	陈益平
出版发行	同济大学出版社　　www.tongjipress.com.cn
	（地址：上海市四平路 1239 号　邮编：200092　电话：021-65985622）
经　　销	全国各地新华书店
印　　刷	苏州市古得堡数码印刷有限公司
开　　本	889mm×1194mm　1/32
印　　张	5.75
字　　数	144 000
版　　次	2023 年 12 月第 1 版
印　　次	2023 年 12 月第 1 次印刷
书　　号	ISBN 978-7-5765-0972-4
定　　价	60.00 元

本书若有印装质量问题,请向本社发行部调换　　版权所有　侵权必究

上海市住房和城乡建设管理委员会文件

沪建标定〔2023〕115 号

上海市住房和城乡建设管理委员会
关于批准《节约集约建设用地标准》为
上海市工程建设规范的通知

各有关单位：

由上海市地质调查研究院主编的《节约集约建设用地标准》，经我委审核，现批准为上海市工程建设规范，统一编号为 DG/TJ 08—2422—2023，自 2023 年 8 月 1 日起实施。

本标准由上海市住房和城乡建设管理委员会负责管理，上海市地质调查研究院负责解释。

上海市住房和城乡建设管理委员会
2023 年 3 月 8 日

前　言

根据上海市住房和城乡建设管理委员会《关于印发〈2020年上海市工程建设规范编制计划〉的通知》(沪建标定〔2019〕752号)要求,本标准由上海市地质调查研究院主编,由上海市城市规划设计研究院、上海市规划编审中心、上海现代建筑规划设计研究院有限公司、上海市政工程设计研究总院(集团)有限公司、上海市城市建设设计研究总院(集团)有限公司、上海营邑城市规划设计股份有限公司共同编制。编制过程中,编制组经过广泛调研,认真总结了国内外先进科研成果和大量实践经验,并在广泛征求意见的基础上,制定本标准。

本标准共分为23章,主要内容包括:总则;术语;基本规定;基础教育设施用地;文化设施用地;体育设施用地;医疗卫生设施用地;高等教育设施用地;社会福利设施用地;公路用地;城市道路用地;轨道交通工程用地;公共停车场用地;公交场站用地;其他交通设施用地;给水工程用地;排水工程用地;电力工程用地;燃气工程用地;水利工程用地;环卫工程用地;消防工程用地;其他市政设施用地。

各单位及相关人员在执行本标准过程中,如有意见和建议,请反馈至上海市规划和自然资源局(地址:上海市北京西路99号;邮编:200003;E-mail:guihuaziyuanfagui@126.com),上海市地质调查研究院(地址:上海市灵石路930号;邮编:200072;E-mail:pjs20061116@163.com),上海市建筑建材业市场管理总站(地址:上海市小木桥路683号;邮编:200032;E-mail:shgcbz@163.com),以便修订时参考。

主 编 单 位：上海市地质调查研究院
参 编 单 位：上海市城市规划设计研究院
　　　　　　上海市规划编审中心
　　　　　　上海现代建筑规划设计研究院有限公司
　　　　　　上海市政工程设计研究总院(集团)有限公司
　　　　　　上海市城市建设设计研究总院(集团)有限公司
　　　　　　上海营邑城市规划设计股份有限公司
主要起草人：方国安　闻旭东　范　华　朱　蕾　聂　琛
　　　　　　徐小峰　王寒梅　苏　斌　代　兵　郎益顺
　　　　　　张中杰　罗　镔　陈红缨　蔡伟娜　徐　玮
　　　　　　朱伟刚　金　昱　姚　幸　王浩然　沈　艺
　　　　　　季　凌　王　彬　雷洪犇　刘　慧　刘明燕
　　　　　　费　一　陈秀成　王　昊　姜晓东　何依芳
主要审查人：何　芳　包存宽　宋玉银　惠　英　俞　静
　　　　　　姚　栋　王家华

上海市建筑建材业市场管理总站

目　次

1 总　则 …………………………………………………… 1
2 术　语 …………………………………………………… 3
3 基本规定 ………………………………………………… 5
4 基础教育设施用地 ……………………………………… 6
   4.1 一般规定 …………………………………………… 6
   4.2 普通幼儿园 ………………………………………… 6
   4.3 普通中小学 ………………………………………… 8
5 文化设施用地 …………………………………………… 11
   5.1 一般规定 …………………………………………… 11
   5.2 公共图书馆 ………………………………………… 11
   5.3 博物馆 ……………………………………………… 12
   5.4 文化中心（馆） …………………………………… 13
6 体育设施用地 …………………………………………… 15
   6.1 一般规定 …………………………………………… 15
   6.2 体育设施 …………………………………………… 15
7 医疗卫生设施用地 ……………………………………… 17
   7.1 一般规定 …………………………………………… 17
   7.2 综合医院 …………………………………………… 17
   7.3 专科医院 …………………………………………… 18
   7.4 卫生防疫设施 ……………………………………… 20
   7.5 其他医疗卫生设施 ………………………………… 21
8 高等教育设施用地 ……………………………………… 23
   8.1 一般规定 …………………………………………… 23
   8.2 普通高等学校 ……………………………………… 23

9 社会福利设施用地	28
9.1 一般规定	28
9.2 机构养老照料设施	28
10 公路用地	29
10.1 一般规定	29
10.2 公路用地与公路互通式立体交叉	30
10.3 公路附属设施	31
11 城市道路用地	33
11.1 一般规定	33
11.2 城市道路用地与城市道路立体交叉	33
12 轨道交通工程用地	35
12.1 一般规定	35
12.2 线路和车站	35
12.3 车辆基地及其他附属设施	38
13 公共停车场用地	40
13.1 一般规定	40
13.2 机动车停车场(库)	40
14 公交场站用地	42
14.1 一般规定	42
14.2 公交停车场(库)、停保场	42
14.3 公交线路首末站、枢纽站	44
15 其他交通设施用地	45
15.1 一般规定	45
15.2 交通能源(加注)站	45
16 给水工程用地	46
16.1 一般规定	46
16.2 净水厂	46
16.3 给水泵站	47

17	排水工程用地	49
	17.1 一般规定	49
	17.2 城镇污水处理厂	49
	17.3 污水泵站	51
	17.4 雨水泵站	52
	17.5 雨水调蓄池	53
18	电力工程用地	54
	18.1 一般规定	54
	18.2 变电站	54
19	燃气工程用地	56
	19.1 一般规定	56
	19.2 门站	56
	19.3 清管站	57
	19.4 高压调压站	57
	19.5 次高压调压站	58
	19.6 阀室	59
20	水利工程用地	60
	20.1 一般规定	60
	20.2 水利水闸工程	60
	20.3 水利泵站工程	61
21	环卫工程用地	63
	21.1 一般规定	63
	21.2 水域保洁作业管理基地	64
	21.3 垃圾转运站	64
	21.4 垃圾转运码头	65
	21.5 垃圾焚烧厂	65
	21.6 垃圾卫生填埋场	66
	21.7 湿垃圾堆肥处理设施	67
	21.8 湿垃圾厌氧处理设施	68

  21.9 建筑垃圾处理设施 ………………………………… 69
  21.10 环境卫生车辆停车场 ……………………………… 70
22 消防工程用地 …………………………………………… 71
  22.1 一般规定 …………………………………………… 71
  22.2 消防救援站 ………………………………………… 71
23 其他市政设施用地 ……………………………………… 72
  23.1 一般规定 …………………………………………… 72
  23.2 地面沉降监测设施 ………………………………… 72
本标准用词说明 ……………………………………………… 73
引用标准名录 ………………………………………………… 74
条文说明 ……………………………………………………… 77

Contents

1 General provisions ·· 1
2 Term ·· 3
3 Basic provisions ·· 5
4 Land for basic educational facilities ······························· 6
    4.1 General requirements ·· 6
    4.2 General kindergarten ··· 6
    4.3 General primary, secondary and high schools ············· 8
5 Land for cultural facilities ·· 11
    5.1 General requirements ·· 11
    5.2 Public library ··· 11
    5.3 Museum ··· 12
    5.4 Public cultural center ·· 13
6 Land for sports facilities ·· 15
    6.1 General requirements ·· 15
    6.2 Sports facilities ··· 15
7 Land for healthcare facilities ·· 17
    7.1 General requirements ·· 17
    7.2 General hospital ·· 17
    7.3 Specialized hospital ·· 18
    7.4 Public health and disease prevention facilities ······· 20
    7.5 Other healthcare facilities ·· 21
8 Land for higher education facilities ····························· 23
    8.1 General requirements ·· 23
    8.2 General colleges and universities ·· 23

9	Land for social welfare facilities	28
	9.1 General requirements	28
	9.2 Elderly care facilities	28
10	Land for highway	29
	10.1 General requirements	29
	10.2 Highway and highway interchange	30
	10.3 Highway ancillary facilities	31
11	Land for city roadway	33
	11.1 General requirements	33
	11.2 Urban road and urban roads interchange	33
12	Land for rail transit engineering	35
	12.1 General requirements	35
	12.2 Lines and stations	35
	12.3 Vehicle bases and other ancillary facilities	38
13	Land for public parking	40
	13.1 General requirements	40
	13.2 Motor vehicle parking garages (lots)	40
14	Land for transit depot	42
	14.1 General requirements	42
	14.2 Bus parks and depots	42
	14.3 Bus terminal and trolley bus interchange station	44
15	Land for other transport facilities	45
	15.1 General requirements	45
	15.2 Transportation energy (filling) station	45
16	Land for water supply engineering	46
	16.1 General requirements	46
	16.2 Water treatment plant	46
	16.3 Water supply pumping station	47

17	Land for drainage engineering		49
	17.1	General requirements	49
	17.2	Municipal wastewater treatment plant	49
	17.3	Wastewater pumping station	51
	17.4	Stormwater pumping station	52
	17.5	Stormwater detention tank	53
18	Land for electric power engineering		54
	18.1	General requirements	54
	18.2	Electrical substation	54
19	Land for gas engineering		56
	19.1	General requirements	56
	19.2	Gate station	56
	19.3	Pigging station	57
	19.4	High pressure regulator station	57
	19.5	Sub-high pressure regulator station	58
	19.6	Line block valve station	59
20	Land for hydraulic engineering		60
	20.1	General requirements	60
	20.2	Hydraulic sluice engineering	60
	20.3	Hydraulic pumping station engineering	61
21	Land for environmental sanitary engineering		63
	21.1	General requirements	63
	21.2	Water surface cleaning operation and management base	64
	21.3	Waste transfer station	64
	21.4	Waste transfer terminal	65
	21.5	Waste incineration plant	65
	21.6	Sanitary landfill	66

	21.7	Household food waste composting treatment facilities ································· 67
	21.8	Household food waste anaerobic digestion facilities ································· 68
	21.9	Construction and demolition waste treatment facilities ································· 69
	21.10	Sanitation vehicle parking lot ···················· 70
22	Land for fire protection facilities ······························· 71
	22.1	General requirements ································· 71
	22.2	Fire rescue station ···································· 71
23	Land for other municipal facilities ···························· 72
	23.1	General requirements ································· 72
	23.2	Land subsidence monitoring facilities ············· 72

Explanation of wording in this standard ························· 73
List of quoted standards ··· 74
Explanation of provisions ·· 77

1 总　则

1.0.1 为贯彻十分珍惜、合理利用土地和切实保护耕地的基本国策，落实耕地保护、节约集约利用土地、国土空间用途管制等制度要求，协调社会经济发展与资源保护保障发展用地需求，合理控制项目建设用地规模，适应本市公共服务设施、道路交通设施、市政设施等工程项目的建设和发展要求，制定本标准。

1.0.2 本标准适用于公共服务设施、道路交通设施、市政设施等工程项目编制专项规划、控制性详细规划、项目建议书、规划土地意见书时确定项目建设用地面积。

1.0.3 本标准适用于规划阶段、用地审批阶段各类项目的用地面积确定。新建的公共服务设施、道路交通设施、市政设施项目用地面积确定适用此标准。改扩建项目应尽可能利用原有场地进行改、扩建，必要情况下需要新增土地的，用地面积确定可按照本标准相关规定执行。

1.0.4 本标准对确定设施用地面积相关指标提出了上限控制值，对容积率提出了下限控制值。对于用地面积或用地指标为区间值的，有计算规则的应按照规则执行，特殊情况无规则的可取上限值。

1.0.5 本标准建设用地指标包括基本指标和调整指标。基本指标适用于常规类项目用地面积的确定；调整指标是在基本指标的基础上，根据适用条件增加或减少项目用地面积。

1.0.6 公共服务设施、道路交通设施、市政设施等工程项目建设用地应贯彻执行国家有关建设、资源管理、环境保护的法律法规及相关规定，切实保障自然资源有效保护和合理利用。

1.0.7 公共服务设施、道路交通设施、市政设施等工程项目建设用地除应符合本标准外,尚应符合国家、行业和本市现行有关标准的规定。

2 术 语

2.0.1 节约集约利用土地 conservation and intensification of land use

通过规模引导、布局优化、标准控制、市场配置、盘活利用等手段,达到节约土地、减量用地、提升用地强度、促进低效废弃地再利用、优化用地结构和布局、提高土地利用效率的各项行为与活动。

2.0.2 主城区 central urban area

本市核心功能的主要承载区,包括中心城和主城片区。其中,中心城以外环线作为中心城边界;主城片区指中心城周边的虹桥、川沙、宝山、闵行四片集中城市化地区,与中心城共同发挥好全球城市功能作用。

2.0.3 郊区 suburban area

本市主城区以外的其他区域,包括新城、新市镇。

2.0.4 新城 new city

市域范围内,对长三角区域具有辐射带动作用并具备次级城市功能与规模,按照大城市标准进行设施建设和服务配置的综合性节点城市。

2.0.5 单位用地指标 unit land use area

一个项目中单个个体所占的建设用地面积。例如生均建设用地、床均建设用地、车均建设用地等。

2.0.6 用地面积 land area for construction

指在现有处理规模、处理工艺和一定条件下,满足设施建设所需的项目用地面积,具体指项目水平投影范围内面积。

2.0.7 基本指标 general indicator

指在现有处理规模、处理工艺和一定条件下,满足常规类设施建设确定的项目用地面积控制值。

2.0.8 调整指标 adjusted indicator

指在基本指标的基础上,根据适用条件增加或减少的项目用地面积控制值。

2.0.9 服务人口 population served by the city

指需要提供城市行政管理以及基本服务的城市实有人口。

3 基本规定

3.0.1 本标准涉及的各类设施的建设应遵循统一规划、合理布局、因地制宜、配套建设、适度前瞻、节约集约的原则。

3.0.2 本标准涉及的各类设施应满足工程建设、安全运营、环境保护等要求,在技术可行、不影响使用的情况下,应采用先进的节地技术和节地模式等措施有效控制用地面积,促进建设用地节约集约利用,提高土地资源利用效率。

3.0.3 公共服务设施、道路交通设施、市政设施宜进行综合立体开发和整体设计,促进功能适度混合和用地合理布局,科学高效利用土地。

3.0.4 部分公共服务设施、道路交通设施、市政设施,经技术论证后,可结合地下空间综合设置。因环境等因素设置于地下的设施,应充分利用设施地面空间实施兼容性项目。

3.0.5 改扩建项目应充分利用原有的场地和设施,减少新增土地。

3.0.6 位于嘉定新城、青浦新城、松江新城、奉贤新城、南汇新城的建设项目,市政设施和道路交通设施宜按照本标准确定用地面积,基础教育、文化、体育、医疗卫生等公共服务设施用地面积可按照本标准执行,也可根据新城特点综合确定。五个新城内新建市政设施宜采用地下化建设,公共服务设施可适当设置地下形式,公共交通换乘枢纽应综合布置,公交场站可采用"立体化"建设。

4 基础教育设施用地

4.1 一般规定

4.1.1 基础教育设施用地标准按普通幼儿园、普通中小学等设施类型分类设置。其中,普通中小学包括小学、初级中学、九年一贯制学校、高级中学等设施类型。

4.1.2 普通幼儿园、普通中小学设施配置应兼顾服务半径与配建指标。幼儿园服务半径宜为300 m;小学服务半径宜为500 m;初级中学服务半径宜为1 000 m。每5万人应配建24班的高级中学1所,每2.5万人应配建24班的初级中学1所和30班的小学1所,每万人应配建15班的幼儿园1所。

4.1.3 幼儿园每班宜为26人,小学每班宜为40人,初级中学每班宜为45人,高级中学每班宜为50人。

4.1.4 普通幼儿园、普通中小学宜独立用地。学校体育活动场地、运动场馆宜向社会开放,寄宿制办学且无法实施物理隔离的学校运动场地和场馆除外。

4.2 普通幼儿园

4.2.1 普通幼儿园园舍建筑由幼儿活动用房、办公用房和生活用房等部分组成,满足幼儿活动、生活及幼儿园运营管理等功能的需求。

4.2.2 普通幼儿园建设用地包括园舍建设用地、室外游戏场地和绿化用地。

  1 园舍建设用地应包括建筑物占地、四周道路、部分活动场地等用地。

 2 室外游戏场地应包括共用游戏场地、分班游戏场地、30 m直跑道、活动器械场地、沙坑等,部分场地宜与集中绿地结合布置。

 3 绿化用地包括集中绿地和零星绿地。

4.2.3 普通幼儿园建设用地指标由基本指标和调整指标两部分构成。

4.2.4 普通幼儿园建设用地基本指标不宜超过表4.2.4的规定。

表4.2.4 普通幼儿园建设用地基本指标

建设规模	主城区		郊区	
	用地面积（m²）	生均建设用地指标（m²/生）	用地面积（m²）	生均建设用地指标（m²/生）
10班(260生)	4 510	17.35	5 535	21.29
15班(390生)	6 490	16.64	7 198	18.46

4.2.5 设施配置要求与基本指标设置参数或要求不一致时,可按照要求予以调整,形成调整指标:

 1 平均班额超过26人时,可按照15班的生均建设用地指标与学生总人数的乘积计算项目建设用地总规模。

 2 实验性、示范性的幼儿园建设用地可适当增加面积,增加幅度不宜超过第4.2.4条用地面积的5%。

 3 项目用地呈不规则形状、不能满足基本功能配置要求的,或平面布置在满足项目基本功能需求后难以满足消防、绿地等要求的,可结合实际情况增加面积,增加幅度不宜超过第4.2.4条用地面积的5%。

4.2.6 普通幼儿园容积率,主城区不宜小于0.8,郊区不宜小于0.7。

4.3 普通中小学

4.3.1 普通中小学校舍建筑应包括教学及教学辅助用房、办公用房、生活用房等部分,可根据实际需求设置室内体育用房。

4.3.2 普通中小学校舍建设用地包括学校校舍建筑用地、室外体育活动用地和绿化用地,不包括学生宿舍和相应的生活用房。

  1 学校建筑用地应包括建筑物占地面积、建筑物四周道路、小片课间活动场地等。

  2 室外体育活动用地应包括环形跑道、直跑道、篮(排)球场(兼部分课间操场地)、运动器械场地、小型游戏场地。

  3 绿化用地包括集中绿地面积、零星绿地面积等。

4.3.3 普通中小学建设用地指标由基本指标和调整指标两部分构成。

4.3.4 普通中小学校建设用地基本指标不宜超过表4.3.4-1和表4.3.4-2的规定。

表 4.3.4-1 主城区普通中小学校建设用地基本指标

学校类别	名称	学校规模									
		20班	24班	25班	27班	28班	30班	32班	36班	45班	48班
小学	用地面积(m²)	17 681	—	20 467	—	23 215	—	—	—	—	—
小学	生均建设用地指标(m²/生)	22.10	—	20.47	—	19.35	—	—	—	—	—
九年一贯制学校	用地面积(m²)	—	—	—	24 380	—	—	—	30 520	35 405	—
九年一贯制学校	生均建设用地指标(m²/生)	—	—	—	21.39	—	—	—	20.08	18.63	—
初级中学	用地面积(m²)	—	23 612	—	—	27 844	29 458	—	—	—	—
初级中学	生均建设用地指标(m²/生)	—	21.86	—	—	22.10	20.46	—	—	—	—

续表 4.3.4-1

学校类别	名称	学校规模									
		20班	24班	25班	27班	28班	30班	32班	36班	45班	48班
高级中学	用地面积(m²)	—	26 801	—			29 974		33 262		46 934
	生均建设用地指标(m²/生)		22.33				19.98		18.48		19.56

表 4.3.4-2 郊区普通中小学校建设用地基本指标

学校类别	名称	学校规模									
		20班	24班	25班	27班	28班	30班	32班	36班	45班	48班
小学	用地面积(m²)	21 115	—	24 616	—		27 539				
	生均建设用地指标(m²/生)	26.39		24.62			22.95				
九年一贯制学校	用地面积(m²)					29 082			36 682	44 342	
	生均建设用地指标(m²/生)					25.51			24.13	23.34	
初级中学	用地面积(m²)	—	27 585	—		32 770	—	33 645			
	生均建设用地指标(m²/生)		25.54			26.01		23.36			
高级中学	用地面积(m²)		31 293				35 263		46 403	—	53 414
	生均建设用地指标(m²/生)		26.08				23.51		25.78		22.26

4.3.5 设施配置要求与基本指标设置参数或要求不一致时,可按照下列要求予以调整,形成调整指标:

1 平均班额小学超过40人、初级中学超过45人、高级中学超过50人时,可按照更节约用地的生均建设用地指标与学生总人数的乘积计算项目建设用地总规模。班级数量与表4.3.4-1、表4.3.4-2不一致的,可根据相近班级且更节约用地的生均规模与学生总人数的乘积计算项目建设用地总规模。

2 单独设置室内体育场馆的普通中小学,应在第4.3.4条的基础上按照《城市社区体育设施建设用地指标》(建标〔2005〕156号)的要求,增加室内体育场馆的用地面积。

3 实验性、示范性的普通中小学,建设用地可适当增加面积,增加幅度不宜超过第4.3.4条用地面积的5%。

4 项目用地呈不规则形状、不能满足基本功能配置要求的,或平面布置在满足项目基本功能需求后难以满足消防、绿地等要求的,可结合实际情况增加面积,增加幅度不宜超过第4.3.4条用地面积的5%。

5 寄宿制学校按照寄宿的学生人数增加学生宿舍及其配套生活设施用房,可按照10 m^2/生增加建筑面积,并通过规划容积率换算成增加面积,增加幅度不宜超过第4.3.4条用地面积的10%。

4.3.6 普通中小学容积率,主城区不宜小于0.9,郊区不宜小于0.8。

5 文化设施用地

5.1 一般规定

5.1.1 文化设施用地标准按公共图书馆、博物馆、文化中心(馆)等设施类型分类设置。

5.1.2 各级公共图书馆的设置数量宜根据区域内服务人口规模确定。

5.1.3 主城区的文化设施、改扩建的文化设施,宜适当提高容积率,采用相关节地措施提高土地利用率。

5.1.4 文化设施可独立用地,也可与城市广场、公共绿地或其他文化设施或其他公共服务设施综合设置。

5.2 公共图书馆

5.2.1 公共图书馆按服务人口、建筑面积可分为大型馆、中型馆和小型馆三大类。

大型馆:服务人口≥150万人、建筑面积≥20 000 m^2 的图书馆,包括Ⅰ级和Ⅱ级公共图书馆;

中型馆:20万人≤服务人口<150万人、4 500 m^2≤建筑面积<20 000 m^2 的图书馆,包括Ⅲ级、Ⅳ级和Ⅴ级公共图书馆;

小型馆:5万人≤服务人口<20万人、1 200 m^2≤建筑面积<4 500 m^2 的图书馆。

5.2.2 公共图书馆可分为市级、区级和社区级,其中市级公共图书馆对应大型馆,区级公共图书馆对应中型馆,社区级公共图书馆对应小型馆。

5.2.3 公共图书馆用地主要包括公共图书馆建筑用地、集散场地、绿化用地、道路和停车场用地等。

5.2.4 公共图书馆建设用地指标不宜超过表5.2.4的规定。

表 5.2.4 公共图书馆建设用地指标

规模	级别	类别	服务人口（万人）	藏书量［万册(件)］	建筑面积（m²）	容积率	用地面积（m²）
大型馆	市级图书馆	Ⅰ级	≥400	320～600	38 000～60 000	≥2.0	≥19 000
		Ⅱ级	150～400	135～320	20 000～38 000	≥2.0	13 500～19 000
中型馆	区级图书馆	Ⅲ级	100～150	90～135	13 500～20 000	≥1.6	9 000～17 000
		Ⅳ级	50～100	45～90	7 500～13 500	≥1.6	5 000～9 000
		Ⅴ级	20～50	24～45	4 500～7 500	≥1.2	4 000～6 500

注：1 特大型图书馆、专业图书馆作为重大文化设施建设项目单列，不限于此表规定。
2 小型公共图书馆的建设纳入社区文化活动中心统筹考虑。
3 建筑面积大的取用地面积上限，面积小的取用地面积下限，位于中间数值的宜采用线性内插法确定用地面积。

5.2.5 郊区公共图书馆宜按照表5.2.4的规定确定用地面积，确需突破的，应结合规划要求、专项论证、藏书量要求等综合确定，面积增加幅度不宜超过第5.2.4条用地面积的20%。

5.3 博物馆

5.3.1 博物馆按建筑面积可分为大型馆、中型馆和小型馆三大类。

大型馆:建筑面积≥10 000 m²;
中型馆:4 000 m²≤建筑面积<10 000 m²;
小型馆:建筑面积<4 000 m²。

5.3.2 博物馆建设用地指标不宜超过表5.3.2的规定。

表5.3.2 博物馆建设用地指标

建筑规模	建筑面积(m²)	容积率	用地面积(m²)
大型	≥80 000	≥1.0	≤120 000
	40 000～80 000	≥1.0	≤80 000
	20 000～40 000	≥1.0	≤40 000
	10 000～20 000	≥1.0	≤20 000
中型	4 000～10 000	≥0.7	≤15 000

注:1 小型博物馆宜与社区文化设施综合设置。
　　2 小型博物馆原则上不设立机动车停车场,大、中型馆的机动车停车场应以利用地下空间为主,确需设置地面停车场的,停车用地不应超过用地面积的8%。

5.3.3 对室外活动与展示有特殊要求的博物馆,可根据实际情况相应增加室外展示和活动用地面积。

5.4 文化中心(馆)

5.4.1 文化中心(馆)按建筑面积和服务人口可分为大型馆、中型馆和小型馆三大类。

大型馆:建筑面积≥6 000 m²、服务人口≥50万人;
中型馆:4 000 m²≤建筑面积<6 000 m²、20万人≤服务人口<50万人;
小型馆:2 000 m²≤建筑面积<4 000 m²、服务人口<20万人。

5.4.2 文化中心(馆)用地包括文化中心(馆)建筑用地、室外活动场地、绿化用地、道路和停车场用地。

5.4.3 文化中心(馆)建筑宜由群众活动用房、业务用房和管理及辅助用房组成,各类用房可根据文化馆的规模和使用要求进行增减或合并。

5.4.4 文化中心(馆)建设用地指标不宜超过表5.4.4的规定。

表5.4.4 文化中心(馆)建设用地指标

类型	服务人口(万人)	建筑面积(m^2)	容积率	用地面积(m^2)	其中室外活动场地(m^2)
大型	≥50	≥6 000	≥1.0	4 500～6 500	1 200～2 000
中型	20～50	4 000～6 000	≥1.0	3 500～5 000	900～1 500
小型	<20	2 000～4 000	≥1.0	2 000～4 000	600～1 000

注:1 独立建制的特大型文化中心(馆)、重大文化设施建设项目,其用地面积可根据功能需求综合确定。
2 建设面积大的取用地面积上限,面积小的取用地面积下限,位于中间数值的宜采用线性内插法确定用地面积。

6 体育设施用地

6.1 一般规定

6.1.1 体育设施用地标准按体育场、体育馆、游泳馆、体育中心等设施类型分类设置。

6.1.2 本标准适用于向公众开放的市级、区级体育场、体育馆、游泳馆、体育中心等体育设施。专业比赛、训练的体育训练基地可根据具体行业规范的规定执行。

6.1.3 市级、区级体育设施宜独立用地。

6.2 体育设施

6.2.1 体育设施按服务人口分为市级和区级，其中服务人口100万人以上的体育设施列为市级，服务人口在40万人～70万人的体育设施列为区级。

6.2.2 体育设施建设用地包括比赛场地用地、观众看台用地、训练场地用地、观众集散用地、道路用地、绿化用地以及附属设施用地。

6.2.3 体育设施建设用地指标由基本指标和调整指标两部分构成。

6.2.4 体育场、体育馆、游泳馆建设用地基本指标不宜超过表6.2.4的规定。

表 6.2.4 体育场、体育馆、游泳馆建设用地基本指标

级别	服务人口（万人）	项目	观众规模（千座）	用地面积(m^2)	每千人建设用地指标(m^2/千人)
市级	100以上	体育场	30～50	120 000～180 000	90～120
		体育馆	4～10	28 000～55 000	18.3～28
		游泳馆	2～4	20 000～24 000	8～20
区级	40～70	体育场	15～20	80 000～100 000	142.9～200
		体育馆	2～4	20 000～28 000	40～50
		游泳馆	—	18 000	60

注：观众规模大的取用地面积上限，规模小的取用地面积下限，位于中间数值的宜采用线性内插法确定用地面积。

6.2.5 设施配置要求与基本指标设置参数或要求不一致时，可按照要求予以调整，形成调整指标：

1 主城区或原地改、扩建的体育设施，用地确实困难的，可通过提高容积率的方式来满足建设需求。

2 郊区体育设施项目用地呈不规则形状、不能满足基本功能配置要求的，或平面布置在满足项目基本功能需求后难以满足消防、绿地等要求的，可结合实际情况增加面积，增加幅度不宜超过第6.2.4条用地面积的20%。

6.2.6 体育中心由体育场、体育馆、游泳馆中的两类或三类设施综合设置的，可根据具体功能，扣除竖向叠加部分的用地，综合确定用地面积。

7 医疗卫生设施用地

7.1 一般规定

7.1.1 医疗卫生设施用地标准可按照综合医院、专科医院、卫生防疫设施、其他医疗卫生设施等设施类型分类设置。

7.1.2 医疗卫生设施项目的建设规模,应结合经济发展水平、卫生资源、区域发展愿景、服务需求等因素综合考虑,按设置床位数或床椅数予以确定。

7.1.3 综合医院、专科医院应独立用地。口腔防治所、急救中心宜与社区卫生服务中心或综合医院综合设置。其他医疗卫生设施宜独立用地。

7.2 综合医院

7.2.1 综合医院项目用地由房屋建筑、场地和附属设施三部分用地构成:

1 房屋建筑主要包括急诊部、门诊部、住院部、医技科室、保障系统、业务管理和院内生活用房等。

2 场地包括道路、绿地、室外活动场地和停车场等。

3 附属设施包括供电、供水、污水处理、废物和垃圾收集等。

4 其中承担感染疾病专科病房、预防保健、医学科研和教学培训任务的综合医院,还包括相应的院感系统、预防保健、科研和教学培训设施。

7.2.2 综合医院建设用地指标由基本指标和调整指标两部分构成。

7.2.3 综合医院建设用地基本指标不宜超过表7.2.3的规定。

表 7.2.3 综合医院建设用地基本指标

医院类别	规模(床)	床均建设用地指标(m²/床)			容积率		
		主城区		郊区	主城区		郊区
		中心城	主城片区		中心城	主城片区	
综合医院	200~499	68	88	115	≥2.5	≥1.8	≥0.8
	500~799	66	84	113			
	800~1 199	65	83	111			
	1 200及以上	64	82	109			

7.2.4 设施配置要求与基本指标设置参数或要求不一致时,可按照要求予以调整,形成调整指标:

1 设有研究所的综合医院,经专项论证后,可在表7.2.3的基础上增加科研教学设施建设用地面积。按照专职科研人员50 m²/人、承担教学任务的附属医院15 m²/学员、实习医院5 m²/学员增加建筑面积。按照规划容积率换算增加面积,增加幅度不宜超过第7.2.3条用地面积的5%。

2 当规定的指标确实不能满足功能配置要求时,经专项论证后,可按不超过30 m²/床均指标增加建筑面积,用于感染疾病专科病房、附属专科医院或专项医疗中心、预防保健的发展用地。按照规划容积率换算增加面积,增加幅度不宜超过第7.2.3条用地面积的5%。

3 当主城区项目用地呈不规则形状或台阶形地貌、不能满足基本功能配置要求时,可结合实际情况调整指标,增加幅度不宜超过第7.2.3条用地面积的5%。

7.3 专科医院

7.3.1 专科医院项目用地应由房屋建筑、场地和附属设施三部分用地构成：

  1 房屋建筑主要包括急诊部、门诊部、住院部、医技科室、保障系统、业务管理和附属生活用房等。
  2 场地包括道路、绿地、室外活动场地和停车场等。
  3 附属设施包括供电、供水、污水处理、废物和垃圾收集等。

7.3.2 专科医院包括口腔医院、肿瘤医院、儿童医院、精神病医院、传染病医院、妇幼保健院及其他专科医院。其中，其他专科医院具体指心血管病医院、血液病医院、皮肤病医院、整形外科医院、美容医院、康复医院和妇产科医院等。

7.3.3 专科医院建设用地指标由基本指标和调整指标两部分构成。

7.3.4 专科医院建设用地基本指标不宜超过表 7.3.4 的规定。

表 7.3.4　专科医院建设用地基本指标

医院类别	级别	规模（床椅）	床均建设用地指标（m^2/床椅）		容积率	
			主城区	郊区	主城区	郊区
口腔医院	二级	牙椅：20~59	85	95	≥2.0	≥1.0
		床位：15~49	105	115		
	三级	牙椅：≥60	75	84		
		床位：≥50	113	125		
肿瘤医院	二级	100~399	86	96		
	三级	≥400	89	99		
儿童医院	一级	20~49	88	104		
	二级	50~199	78	95		
	三级	≥200	80	88		
精神病医院	一级	20~69	103	116		
	二级	70~299	105	118		
	三级	≥300	107	120		

续表7.3.4

医院类别	级别	规模(床椅)	床均建设用地指标(m²/床椅)		容积率	
			主城区	郊区	主城区	郊区
传染病医院	二级	150～349	95	107		
	三级	≥350	104	117		
妇幼保健院	一级	5～19	85	94		
	二级	20～49	77	86		
	三级	≥50	73	82		
其他专科医院	—	—	87	97		

7.3.5 主城区项目用地呈不规则形状或台阶形地貌、不能满足基本功能配置要求的,可结合实际情况调整指标,增加幅度不宜超过第7.3.4条用地面积的5%。

7.4 卫生防疫设施

7.4.1 卫生防疫设施包括口腔防治所和急救中心两种类型。

7.4.2 卫生防疫设施用地包括房屋建筑、场地及其附属设施等用地。

7.4.3 口腔防治所建用地指标不宜超过表7.4.3的规定。

表 7.4.3 口腔防治所建设用地指标

类别	级别	规模(床椅)	床均建设用地指标(m²/床椅)	
			主城区	郊区
口腔防治所	一级	4～14	70	78
	二级	15～59	68	76
	三级	≥60	66	74

7.4.4 急救中心建设用地指标不宜超过表7.4.4的规定。

表7.4.4 急救中心建设用地指标

类别	级别	用地面积(m²)	
		主城区	郊区
急救中心	急救中心	3 600	4 000
	急救分站(点)	540	600

7.5 其他医疗卫生设施

7.5.1 其他医疗卫生设施用地包括中医医院、中西医结合医院等医疗卫生设施用地。

7.5.2 中医医院及中西医结合医院项目用地由房屋建筑、场地和附属设施三部分用地构成：

　　1 房屋建筑主要包括急诊部、门诊部、住院部、医技科室、药剂科室、保障系统、业务管理和院内生活用房等。

　　2 场地包括道路、绿地、室外活动场地和停车场等。

　　3 附属设施包括供电、供水、污水处理、废物和垃圾收集等。

7.5.3 中医医院及中西医结合医院建设用地指标由基本指标和调整指标两部分构成。

7.5.4 中医医院及中西医结合医院建设用地基本指标不宜超过表7.5.4的规定。

表7.5.4 中医医院及中西医结合医院建设用地基本指标

医院类别	级别	规模(床)	床均建设用地指标(m²/床)		容积率	
			主城区	郊区	主城区	郊区
中医医院	一级	50～499	78	104	≥2.0	≥1.0
	二级	500～799	75	102		

续表7.5.4

医院类别	级别	规模(床)	床均建设用地指标(m^2/床)		容积率	
			主城区	郊区	主城区	郊区
中医医院	三级	800~999	74	100	≥2.0	≥1.0
	四级	≥1 000	73	100		
中西医结合医院	一级	50~499	88	115		
	二级	500~799	84	113		
	三级	800~999	83	111		
	四级	≥1 000	82	109		

7.5.5 设施配置要求与基本指标设置参数或要求不一致时，可按照要求予以调整，形成调整指标：

1 设有研究所的中医医院及中西医结合医院，经专项论证后，可在表7.5.4的基础上增加科研教学设施的建设用地面积。按照名中医或专职科研人员50 m^2/人、承担教学任务的附属医院15 m^2/学员、实习医院5 m^2/学员增加建筑面积。增加的建筑面积按照规划容积率换算成用地面积，增加幅度不宜超过第7.5.4条用地面积的5%。

2 当主城区项目用地呈不规则形状或台阶形地貌时，可结合实际情况调整指标，增加幅度不宜超过第7.5.4条用地面积的5%。

8 高等教育设施用地

8.1 一般规定

8.1.1 高等教育设施用地标准按照普通高等学校单项设施进行设置。

8.1.2 普通高等学校应依据上级主管部门批准的办学规模合理确定校区用地面积及建设规模。

8.1.3 普通高等学校改扩建工程项目,应在充分利用原有设施的基础上进行,避免大拆大建。确需新建独立校区的普通高等学校,应控制校区总用地面积,节约集约用地。

8.1.4 普通高等学校应独立用地。

8.2 普通高等学校

8.2.1 普通高等学校分为综合、师范、工科、医药、农林、政法、财经、外语、体育、艺术等院校。

 1 综合大学分为以文法学科为主的综合大学(1)和以理工学科为主的综合大学(2)。

 2 各类高等学校的学科结构比例见表 8.2.1。

表 8.2.1 高等学校学科结构比例

学校类别	学科结构比例	
综合大学(1)	文法类	60%
	理工类	40%

续表8.2.1

学校类别	学科结构比例	
综合大学(2)	理工类	60%
	文法类	40%
理工院校	理工类	70%
	文法类	30%
财经、政法院校	文法类	100%
外语院校	外语类	90%
	文法类	10%
医药院校	医学类	90%
	文法类	10%
师范院校	文法类	45%
	理工类	40%
	艺术类	10%
	体育类	5%
农林院校	理工类	70%
	文法类	30%
体育院校	体育类	90%
	文法类	10%
艺术院校	艺术类	100%

8.2.2 普通高等学校用地包括校舍建设用地、室外体育设施建设用地、道路交通用地和绿化用地等：

1 校舍建设用地包括教室、实验实习实训用房及场所、图书馆、室内体育用房、校行政办公用房、院系及教师办公用房、师生活动用房、会堂、学生宿舍、食堂、单身教师宿舍、后勤及附属用房等12项必须配置的用房所占用地。

2 室外体育设施建设用地包括露天的环形跑道、直跑道、篮(排)球场、网球场、运动器械场地等用地。

3 道路交通用地包括校区内干道、支道、人行道、绿化带中的步行道等道路用地及具有进行文化、娱乐、游憩、集会等活动或交通集散等功能的用地和具有明显标识的供停放车辆的地面用地。

4 绿化用地包括集中绿地、零星绿地等。

8.2.3 普通高等学校建设用地应依据学校办学规模确定。建设用地指标由基本指标和调整指标两部分构成。

8.2.4 普通高等学校建设用地基本指标不宜超过表8.2.4的规定。

表8.2.4 普通高等学校建设用地基本指标

序号	学校类别	学校规模（生）	生均建设用地指标(m^2/生)		容积率	
			总指标	其中室外体育用地	主城区	郊区
1	综合大学（1）	≤5 000	50	5~10		
		5 000~10 000	49	5~10		
		10 000~20 000	48	5~10		
		≥20 000	47	5~10		
2	综合大学（2）	≤5 000	52	5~10		
		5 000~10 000	51	5~10	≥1.0	≥0.9
		10 000~20 000	50	5~10		
		≥20 000	49	5~10		
3	理工院校	≤5 000	56	5~10		
		5 000~10 000	54	5~10		
		10 000~20 000	52	5~10		
		≥20 000	51	5~10		
4	师范院校	≤5 000	52	5~10		
		5 000~10 000	51	5~10		

续表8.2.4

序号	学校类别	学校规模(生)	生均建设用地指标(m^2/生)		容积率	
			总指标	其中室外体育用地	主城区	郊区
4	师范院校	10 000~20 000	50	5~10	≥1.0	≥0.9
		≥20 000	49	5~10		
5	政法院校	≤5 000	52	5~10		
		5 000~10 000	51	5~10		
		10 000~20 000	50	5~10		
		≥20 000	49	5~10		
6	财经院校	≤5 000	52	5~10		
		5 000~10 000	51	5~10		
		10 000~20 000	50	5~10		
		≥20 000	49	5~10		
7	外语院校	≤5 000	52	5~10		
		5 000~10 000	51	5~10		
		10 000~20 000	50	5~10		
		≥20 000	49	5~10		
8	医药院校	≤5 000	56	5~10		
		5 000~10 000	54	5~10		
		10 000~20 000	52	5~10		
		≥20 000	51	5~10		
9	体育院校	≤5 000	80	5~10		
		5 000~8 000	72	5~10		
10	艺术院校	≤5 000	62	5~10		
		5 000~8 000	60	5~10		

8.2.5 普通高等学校配置要求与基本指标设置参数或要求不一致时,可按照要求予以调整,形成调整指标:

1 经国家各部委批准并挂牌的国家级重点实验室、工程研究中心、工程技术中心等科研用房,确需设置于高校用地范围内的,宜利用高校用地建设;确需单独建设的,宜在符合行业设计规范的前提下,经专项论证后增加用地面积。

2 对于在郊区设置分校区的普通高等学校,已有校区与新增校区用地面积之和宜符合第8.2.4条的要求,新校区容积率宜符合第8.2.4条的要求。

9 社会福利设施用地

9.1 一般规定

9.1.1 社会福利设施用地标准按照机构养老照料设施单项设施进行设置。

9.1.2 根据本市"居家养老为基础、社区养老为依托、机构养老为支撑"的要求，本标准对区级机构养老照料设施提出用地面积要求。

9.1.3 机构养老照料设施宜独立用地，也可结合综合医院综合设置。综合设置的机构养老照料设施应根据养老床位数配套医疗、康复、药房等功能用房。

9.2 机构养老照料设施

9.2.1 机构养老照料设施用地应包括房屋建筑、绿化、室外活动和场内道路等用地。房屋建筑包括老年人用房、行政办公用房和附属用房。其中，老年人用房包括老年人入住服务、生活、卫生保健、康复、娱乐和社会工作用房等。

9.2.2 机构养老照料设施建设用地指标不宜超过表 9.2.2 的规定。

表 9.2.2 机构养老照料设施建设用地指标

类别	床均建设用地指标(m^2/床)		容积率	
	主城区	郊区	主城区	郊区
机构养老照料设施	25～30	35～40	≥1.5	≥1.0

10 公路用地

10.1 一般规定

10.1.1 公路用地标准应按公路用地与公路互通式立体交叉、公路附属设施等设施类型分类设置。其中，公路包括高速公路、主要公路、次要公路和一般公路。

10.1.2 公路城镇段具有公路和城市道路双重功能。位于城市开发边界内的公路，公路城镇段用地宜执行对应等级的城市道路标准。

10.1.3 主要公路城镇段宜对应城市主干路，次要公路城镇段宜对应城市主干路或城市次干路，一般公路城镇段宜对应城市次干路或城市支路。

10.1.4 公路附属设施应包括高速公路服务区、普通公路服务区、高速公路收费站管理用房、市境道口综合检查站、养护设施等。养护设施主要包括养护工区、道班房和桥隧养护管理设施，养护工区可设置在高速公路和一级公路上，高速公路养护工区应全网统筹设置；道班房主要在二、三、四级公路上设置；桥隧养护管理设施宜按照本标准第11.1.3条执行。

10.1.5 公路互通式立体交叉、高速公路服务区、高速公路收费站管理用房宜独立用地。普通公路服务区、市境道口综合检查站宜结合公共服务设施综合设置。养护工区、道班房宜充分利用桥下空间或公路用地综合设置，也可结合收费站管理设施综合设置。

10.2 公路用地与公路互通式立体交叉

10.2.1 公路用地宽度不宜超过表 10.2.1 的规定。新建高速公路，提倡以立体交通的形式建设，以节约集约用地。

表 10.2.1 公路用地宽度建设用地指标

公路等级	高速公路	主要公路	次要公路	一般公路
机动车道数(条)	6～8	6～8	4～6	2～4
公路用地宽度(m)	45～60	35～50	30～40	16～30

注：一般公路不含农村道路。

10.2.2 公路互通式立体交叉建设用地指标不宜超过表 10.2.2 的规定。

表 10.2.2 公路互通式立体交叉建设用地指标

交叉形式		枢纽型	单喇叭形	菱形
交叉肢数		四	四	四
主线公路等级	高速公路用地面积(hm^2/座)	≤42.00	≤14.50	≤14.50
	一级公路用地面积(hm^2/座)	≤40.00	≤14.50	≤14.50

注：四肢交叉的单喇叭形互通式立体交叉用地指标不包括主线、被交叉公路和匝道之间的三角区用地。

10.2.3 根据立交形式和通行条件不同，可按照要求予以调整，形成调整指标：

　　1 项目所在地块受周边地形地物影响，不能满足基本功能配置要求的，用地面积可进行调整，增加幅度不宜超过第 10.2.2 条用地面积的 10%。

　　2 五肢及五肢以上多肢交叉的枢纽型立交，在四肢交叉枢纽型立交的基础上，每增加一肢交叉，增加幅度不宜超过第 10.2.2 条用地面积的 20%。

10.3 公路附属设施

10.3.1 对外高速公路服务区宜以大型为主,高速公路服务区建设用地指标不宜超过表10.3.1的规定。

表10.3.1 高速公路服务区建设用地指标

服务区分类	一侧停车规模(辆)	用地面积(hm^2)
大型	80～150	1.2～1.7
中型	50～80	0.85～1.2
小型	30～50	0.65～0.9

10.3.2 普通公路服务区建设用地指标不宜超过表10.3.2的规定。

表10.3.2 普通公路服务区建设用地指标

服务区类型	公路等级	用地面积(m^2)
服务站	主、次要公路	3 000～4 000
服务点	主、次要公路	1 000～1 500

注:普通公路服务区一般设置于次要公路(以一、二级公路为主)沿线。

10.3.3 高速公路收费站管理用房建设用地指标不宜超过表10.3.3的规定。

表10.3.3 高速公路收费站管理用房建设用地指标

形式		用地面积(m^2)
主线收费站	含主线收费、通信监控站	2 330～2 670
	含主线收费、通信监控站、路政用	2 660～3 000
	含主线收费、通信监控站、路政用房、交警用房	4 000～4 670
	含主线收费、通信监控站、路政用房、交警用房、路段管理用房	8 000～8 670

续表10.3.3

形式		用地面积(m²)
匝道收费站	3～5车道	800～1 000
	5～10车道	1 330～1 670

10.3.4 市境道口综合检查站建设用地指标不宜超过表10.3.4的规定。

表10.3.4 市境道口综合检查站建设用地指标

公路等级	用地面积(m²)
主要公路	3 500～5 000
次要公路	2 500～3 500
一般公路	1 500～2 500

10.3.5 养护工区建设用地面积不宜超过 2.5 hm²/处。道班房建设用地面积不宜超过 3 000 m²/处。

11 城市道路用地

11.1 一般规定

11.1.1 城市道路用地标准应按城市道路用地与城市道路立体交叉、道路附属设施等设施类型分类设置。其中,城市道路包括快速路、主干路、次干路和支路。

11.1.2 城市道路立体交叉宜独立用地。道路附属设施宜结合道路交通设施、市政设施综合设置。

11.1.3 道路附属设施中,单独设置的桥隧管理中心建设用地面积不宜超过 2 500 m²。鼓励桥隧管理中心共址合建,每增加 1 座桥(隧),用地面积增加 1 000 m²。

11.2 城市道路用地与城市道路立体交叉

11.2.1 城市道路用地宽度不宜超过表 11.2.1 的规定。快速路匝道段应结合具体方案研究确定,局部拓宽宽度不宜超过用地宽度的 40%。

表 11.2.1 城市道路用地宽度建设用地指标

道路等级	快速路	主干路	次干路	支路
机动车道数(条)	6~8	6~8	4~6	2~4
用地宽度(m)	45~60	40~55	28~40	12~24

注:公路城镇段用地宜执行对应等级的城市道路标准。

11.2.2 城市道路立体交叉可分为互通式立体交叉和分离式立体交叉,互通式立体交叉分为枢纽立体交叉和部分立体交叉。

11.2.3 互通式立体设置应尽量减少直接占用土地和对土地的分隔影响,在满足环境保护要求的前提下,采用紧凑集约的立交选型和线形组合。

11.2.4 城市道路立体交叉建设用地指标不宜超过表11.2.4的规定。

表11.2.4 城市道路立体交叉建设用地指标

立交类型		用地面积(hm²/座)		
		枢纽/全互通	部分互通	多层/菱形/分离
分岔数量		4	4	4
道路等级	快速路～快速路	35	25	15
	快速路～主干路	25	15	7
	主干路～主干路	15	9	6

11.2.5 其他多岔立体交叉的用地面积,可在四岔立体交叉的用地基础上,每增减一岔,增加或减少幅度不宜超过第11.2.4条用地面积的15%。

12 轨道交通工程用地

12.1 一般规定

12.1.1 轨道交通工程用地标准应按线路区间、车站、车辆基地、其他附属设施等设施类型分类设置。

12.1.2 轨道交通可包括市域线、市区线和局域线三个功能层次。市域线主要采用市域铁路和市域快轨两种制式,市域快轨宜执行地铁的用地标准;市区线主要采用地铁制式,其他市区线制式可执行地铁制式用地标准;局域线制式类型较多,本标准按照有轨电车制式确定了相关用地指标,其他局域线制式可参照执行。

12.1.3 轨道交通线路区间和车站按敷设方式可分为高架、地面和地下三种形式。

12.1.4 在确保轨道交通功能需求和运营安全的前提下,轨道交通场站宜立体开发。车站用地宜按照标准化、模块化、集约化设计控制,宜综合设置,也可独立用地。车辆基地内功能布局和用地应紧凑、实用,宜统筹利用既有铁路等设施资源,共享相关检修资源,宜综合设置,也可独立用地。主变电所宜结合车站、车辆基地等设施综合设置。控制中心应综合设置。

12.2 线路和车站

12.2.1 轨道交通线路区间应按照高架、地面和地下三种形式分类设置,建设用地指标不宜超过表 12.2.1 的规定。

表 12.2.1　轨道交通线路区间及中间风井建设用地指标

敷设方式			地铁		市域铁路	
			单线	双线	单线	双线
地下	盾构段宽度(m)		6.6/6.9	11.4/13.0	9.0	13.6
	中间风井用地面积(含盾构井)(m^2)	地面	风井:100×2 楼梯:95×楼梯个数		风井(活塞风井):140×2 风井(排风井):75×2 楼梯:95×楼梯个数	
		地下	主体:800 外接通道:450		主体:1 000 外接通道:600	
地面宽度(m)			9.2	13.2	11.0	15.0
高架宽度(m)			6.0	11.0	7.2	11.8

注:1　地面宽度包括敞开段。
　　2　中间风井用地面积(含盾构井)未包括消防通道用地。鼓励风井与地面设施共用消防通道,无法共用的,可根据设计方案增加消防通道面积。
　　3　市域铁路中间风井用地面积适用于设置于地下三层的情况,其他情况可根据设计方案确定。
　　4　特殊地质、特殊结构、大跨度桥梁的高架宽度可根据设计方案确定。

12.2.2　车站站台有效长度和宽度应根据客流预测和车辆编组等综合确定。地铁和市域铁路应包括地下车站和高架车站(路侧车站)两类,车站主体及附属设施建设用地指标不宜超过表12.2.2-1和表12.2.2-2的规定。

表 12.2.2-1　地铁车站主体及其附属设施建设用地指标

敷设方式	用地面积(m^2)			
	地下车站		高架车站(路侧车站)	
	无配线站	配线站	标准站	非标准站
车站主体用地	6 000	8 000~15 000	4 000	6 500
附属设施总用地	4 500	4 500	—	—

注:1　配线站指设单渡线、交叉渡线、折返线、存车线、出入线、联络线等配线的车站。
　　2　附属设施用地面积未包括换乘通道用地。若确需包含的,经专项论证后可根据设计方案增加用地面积。
　　3　高架车站(路侧车站)指提供单条地铁线停靠、车站长度和尺寸均为标准大小的普通车站。
　　4　高架车站(路侧车站)用地未包括环形消防车道用地面积。若确需包含的,经专项论证后可根据设计方案增加用地面积。

表 12.2.2-2 市域铁路车站主体及其附属设施建设用地指标

敷设方式	用地面积(m^2)			
	地下车站		高架车站(路侧车站)	
	无配线站	配线站	标准站	非标准站
车站主体用地	7 500	13 500～20 000	6 500	10 000
附属设施总用地	4 500	4 500	—	—

注：1 配线站指配设单渡线、交叉渡线、折返线、存车线、出入线、联络线等配线的车站。
    2 附属设施用地面积未包括换乘通道用地。若确需包含的,经专项论证后可根据设计方案增加用地面积。
    3 高架车站(路侧车站)指提供单条市域铁路停靠、车站长度和尺寸均为标准大小的普通车站。
    4 高架车站(路侧车站)用地未包括环形消防车道用地面积。若确需包含的,经专项论证后可根据设计方案增加用地面积。

12.2.3 轨道交通车站附属设施建设用地指标不宜超过表 12.2.3 的规定。

表 12.2.3 轨道交通车站出入口、风井、冷却塔建设用地指标

敷设方式	用地面积									
	地铁					市域铁路				
	独立出入口	独立消防通道出入口	独立残疾人电梯	单座风井	冷却塔	独立出入口	独立消防通道出入口	独立残疾人电梯	单座风井	冷却塔
地下站 (m^2/每个、单座)	350	100	100	120	120	350	100	100	160	160
高架站(路中) (m^2/组)	楼扶梯和电梯:600 附属用房:2 500					楼扶梯和电梯:600 附属用房:2 500				

12.3 车辆基地及其他附属设施

12.3.1 车辆基地的规模应满足其停车和检修能力要求,并考虑线路长度、行车间隔以及检修周期等因素。车辆基地建设用地指标不宜超过表 12.3.1 的规定。

表 12.3.1 车辆基地车均建设用地指标

车辆基地	用地指标(m²/车)		
	市域线(市域铁路)	市区线(地铁)	局域线(有轨电车)
车辆段	1 040～1 300	800～1 000	1 300～1 600
定修段	780～1 100	600～900	1 000～1 450
停车场	520～780	400～600	700～1 000

12.3.2 地铁和市域铁路主变电所、有轨电车变电所建设用地指标不宜超过表 12.3.2-1 和表 12.3.2-2 的规定。

表 12.3.2-1 地铁和市域铁路主变电所建设用地指标

敷设方式	用地面积(m²)					
	地铁			市域铁路		
	单线	双线	三线及以上	单线	双线	三线及以上
地下	3 000	3 000	3 500	3 000	3 000	3 500
地面	2 400	2 400	2 500	2 400	2 400	2 500

表 12.3.2-2 有轨电车变电所建设用地指标

设施分类	用地指标(m²/座)
开闭所(含电业用房)	≤500
牵引变电所	≤220
箱式变电所	≤135

注:开闭所、牵引变电所为土建占地面积;箱式变电所的占地包含四周 1 m 的检修维护通道。

12.3.3 新建轨道交通控制中心应综合设置,建筑面积不宜超过表12.3.3的规定。

表12.3.3 轨道交通控制中心建设用地指标

设施分类	建筑面积(m^2)
单线线路控制中心	≤3 000
双线线路控制中心	≤5 500
三线线路控制中心	≤8 000

13 公共停车场用地

13.1 一般规定

13.1.1 公共停车场用地标准按机动车停车场(库)、非机动车场(库)等设施类型分类设置。

13.1.2 公共停车场工程项目应符合城市交通规划,综合考虑周边用地情况、停车需求、路网承载能力,并根据交通发展需求、相关技术标准和建设规模等因素进行合理布局,节约集约用地。

13.1.3 公共停车场可独立用地。非机动车停车场应综合设置,也可与机动车停车场综合设置。公共停车场工程项目应重视地下空间的开发与利用,因地制宜选择停车场形式,满足安全、便捷、通畅、高效的交通服务要求。

13.1.4 非机动车停车场的用地(建筑)面积宜为 1.5 m²/车位～1.8 m²/车位。

13.2 机动车停车场(库)

13.2.1 公共停车场建设规模应符合相关规划,并充分考虑周边停车需求确定停车位数量。

13.2.2 公共停车场按照停车位数量划分为特大型、大型、中型和小型四类。停车位数量以小型停车位为标准车位,其余车辆停车位根据车辆长度、宽度等因素按照规定换算成标准车位。每处公共停车场(库)的机动车泊位数宜控制在 50 个～300 个,不宜大于 500 个。

表 13.2.2 公共停车场规模分类

停车场类型	停车位数量(个)
特大型停车场	>500
大型停车场	301～500
中型停车场	51～300
小型停车场	≤50

13.2.3 公共停车场用地可由基本停车设施、管理设施、附属设施等构成：

1 基本停车设施包括停车位、行车通道及人行通道。机械式停车场还应包括机械停车设备。

2 管理设施包括值班室、控制室、防灾中心等管理用房。

3 附属设施包括卫生间、等候室、洗车房等设施。

13.2.4 公共停车场建设用地指标不宜超过表 13.2.4 的规定。

表 13.2.4 公共停车场建设用地指标

停车场类型	用地指标(m^2/车)	
	用地面积	建筑面积
地面停车场	25～30	—
停车楼和地下停车库	—	30～40
机械式停车库	—	15～25

13.2.5 停车场(库)中设置的管理用房、停车辅助设施等设施，建筑面积应按不高于 1 m^2/机动车停车位的标准设置，且其用地面积不应超过第 13.2.4 条用地面积的 5%。

14 公交场站用地

14.1 一般规定

14.1.1 公交场站用地标准按公交停车场(库)、公交停保场、公交线路首末站、枢纽站等设施类型分类设置。

14.1.2 公交首末站、公交枢纽站的主要功能应满足客流集散的需要,提供交通方式或公共交通线路转换,并为公共汽车和电车车辆的发车、等候发车、调度提供合理有效的使用场地。

14.1.3 公交停车场(库)应具备为线路运营车辆下线后提供合理的停放空间、场地和必要设施等主要功能,并应能按规定对车辆进行低级保养和小修作业。

14.1.4 公交停保场应以承担运营车辆的停放以及各级保养任务为核心功能,并应具有相应的车辆充电、配件加工、修制能力和修车材料及燃料的储存、发放等功能。

14.1.5 本标准公交标准车是指车身长 12 m、宽 2.5 m、高 3.5 m 的公共汽车和电车。

14.1.6 公交停车场(库)、公交停保场可独立用地,也可与交通枢纽、社区设施等综合设置。公交枢纽站宜独立用地,也可设置于公路或道路立体交叉口下方,或与其他交通设施综合设置。公交首末站宜与社区设施综合设置,也可利用桥下空间综合设置。

14.2 公交停车场(库)、停保场

14.2.1 公交停车场(库)、公交停保场应包括停车设施、生产辅助设施、运营生活设施和安全环保等设施。

14.2.2 公交停车场(库)、公交停保场用地面积应在满足饱和停车情况下,公交车辆仍可自由出入(无轨电车应顺序出车)而不受所停车辆的影响。

14.2.3 根据停车区的建设方式,公交停车场(库)、公交停保场可分为平面式和立体式两种建设模式,并应符合下列规定:

1 鼓励停车区向立体化发展,主城区应建设多层停车库,郊区宜建设多层停车库。多层停车库建筑层数宜为3层或4层;在条件具备地区,可规划建设4层以上高层停车库或高层公交停保场,停保场设计应符合相关标准要求,单位标准车用地指标应进一步集约。

2 多层公交停保场可在多层停车库基础上,综合生产辅助设施、运营生活设施等进行立体开发,集约、高效利用土地。

14.2.4 公交停车场(库)、公交停保场的用地标准,应按照规划的停车规模和保养等级、建设模式、停放类型等综合确定,且应符合建设项目绿地率控制要求,在场站建用地规整的前提下,各类公交停车场(库)、公交停保场建设用地指标不宜超过表14.2.4的规定。

表14.2.4 公交停车场(库)、停保场用地指标

设施类型	用地指标(m²/标准车)	备注
平面式公交停车场(库)	120~150	—
平面式公交停保场	150~200	—
立体式公交停车场(库)	70~90	用地长度不宜小于150 m,宽度不宜小于80 m
立体式公交停保场	90~120	用地长度不宜小于150 m,宽度不宜小于90 m

14.2.5 无轨电车停车场、停保场用地面积可进行调整,增加幅度不宜超过第14.2.4条用地面积的20%。

14.3 公交线路首末站、枢纽站

14.3.1 公交首末站、公交枢纽站建设用地应按照公共汽车和电车线路规模综合确定。

14.3.2 公交首末站、公交枢纽站建设用地包括车辆运行设施、综合服务设施、安全环保设施等用地,新能源充电车辆应配置充电设施。

14.3.3 公交首末站、公交枢纽站建设用地指标不宜超过表14.3.3的规定。

表14.3.3 公交线路首末站、枢纽站建设用地指标

所在区域	用地面积(m^2)		
	1线路站点	2线路站点	3线路枢纽站
主城区	600~900	≤1 400	≤1 900
郊区	800~1 000	≤1 600	≤2 300

14.3.4 3条公交线路以上的公交首末站、公交枢纽站,位于主城区的,每增加1条公交线路,在表14.3.3用地面积基础上予以调整,增加500 m^2 用地面积;位于郊区的,每增加1条公交线路,在表14.3.3用地面积基础上予以调整,增加700 m^2 用地面积。

15 其他交通设施用地

15.1 一般规定

15.1.1 其他交通设施用地标准按交通能源(加注)站单项设施进行设置。

15.1.2 交通能源(加注)站可分为加油站、加气站、加氢站、充(换)电站和综合能源(加注)五种类型。本标准仅针对加油站设置了建设用地指标值。

15.1.3 交通能源(加注)站可结合停车场、出租车营业站、物流中心、普通公路服务区等综合设置。

15.2 交通能源(加注)站

15.2.1 交通能源(加注)站的用地面积应满足日均服务车次需求,并兼顾考虑主要服务车辆类型。

15.2.2 加油站建设用地指标不宜超过表15.2.2的规定。

表 15.2.2 加油站建设用地指标

日均服务车次数(次)	用地面积(m^2)
300	≤1 200
500	≤1 800
800	≤2 500
1 000	≤3 000

15.2.3 货运车辆流量较大的区域,交通能源(加注)站建设用地面积经专项论证后可适当增加用地面积。

16 给水工程用地

16.1 一般规定

16.1.1 给水工程用地标准按照净水厂、给水泵站等设施类型分类设置。

16.1.2 净水厂建设用地根据工程建设规模和处理工艺综合确定。出水水质应符合现行国家标准《生活饮用水卫生标准》GB 5749 和现行上海市地方标准《生活饮用水水质标准》DB31/T 1091 的规定。

16.1.3 给水泵站建设用地面积根据工程建设规模综合确定。

16.1.4 给水泵站建设用地指标适用于取水泵站和增压泵站两种泵站类型。

16.1.5 净水厂、给水泵站等设施应按"海绵城市"理念实施建设。

16.1.6 净水厂宜独立用地。给水泵站可与给水相关设施及公共绿地、公共广场和公共停车场等综合设置。

16.2 净水厂

16.2.1 净水厂工程建设规模可按照日处理量分为四类：
特大型：50 万 m^3/d～100 万 m^3/d；
大型：30 万 m^3/d～50 万 m^3/d；
中型：10 万 m^3/d～30 万 m^3/d；
小型：5 万 m^3/d～10 万 m^3/d。

16.2.2 根据原水水质的分析，净水厂的水处理工艺可包括预处理、常规处理和深度处理等。

1 常规处理工艺指混合、絮凝、沉淀(或澄清)、过滤及后续消毒的水处理工艺,含排泥水处理工艺。

2 预处理＋常规处理＋深度处理工艺指在常规处理工艺的前后分别增加预处理和深度处理的水处理工艺。

16.2.3 净水厂的建设用地由生产设施、辅助生产设施用地、行政办公与生活服务设施用地等部分构成:

1 生产设施主要包括预处理、常规处理、深度处理、排泥水处理构筑物、加药辅助、提升泵房和输水泵房、供电及配电设施等。

2 辅助生产设施、行政办公与生活服务设施主要包括生产控制、化验、维修、仓库、食堂、交通运输(含车库)、保安保卫及行政办公设施等。

16.2.4 净水厂建设用地指标不宜超过表16.2.4的规定。

表16.2.4 净水厂建设用地指标

建设规模(万 m^3/d)	用地指标[$m^2/(m^3/d)$]	
	常规处理水厂	预处理＋常规处理＋深度处理水厂
特大型(50~100)	≤0.22	≤0.29
大型(30~50)	0.31~0.22	0.36~0.29
中型(10~30)	0.39~0.31	0.45~0.36
小型(5~10)	0.46~0.39	0.54~0.45

注:1 建设规模大的取用地指标下限,规模小的取用地指标上限,位于中间数值的宜采用线性内插法确定用地指标。
2 净水厂的控制用地面积均包括生产废水及排泥水处理的用地。

16.2.5 建设规模超过100万 m^3/d 的水厂可按照特大型净水厂相关指标执行,并根据实际情况适当减少用地指标。

16.3 给水泵站

16.3.1 给水泵站工程建设规模可按照日处理量分为四类:

特大型：50万 m³/d～100万 m³/d；
大型：30万 m³/d～50万 m³/d；
中型：10万 m³/d～30万 m³/d；
小型：5万 m³/d～10万 m³/d。

16.3.2 给水泵站用地包括泵房用地、水量调节池及配套设施用地，及必要的行政办公与生活服务设施用地。

16.3.3 给水泵站建设用地指标由基本指标和调整指标两部分构成。

16.3.4 给水泵站建设用地基本指标不宜超过表 16.3.4 的规定。

表 16.3.4　给水泵站建设用地基本指标

序号	建设规模（万 m³/d）	用地指标[m²/(m³/d)]	
		含水量调节池	不含水量调节池
1	特大型（50～100）	≤0.04	≤0.016
2	大型（30～50）	0.047～0.04	0.018～0.016
3	中型（10～30）	0.07～0.047	0.035～0.018
4	小型（5～10）	0.09～0.07	0.05～0.035

注：1　建设规模大的取用地指标下限，规模小的取用地指标上限，位于中间数值的宜采用线性内插法确定用地指标。
　　2　建设规模超过 100万 m³/d 或小于 5万 m³/d 的泵站，用地指标宜按照特大型、小型规模的用地指标测算泵站用地面积。

16.3.5 给水泵站内设有生物预处理设施时，宜在第 16.3.4 条的基础上，增加生物预处理设施的用地面积，增加幅度不宜超过第 16.3.4 条用地面积的 5%。给水泵站如含水量调节池，调节池可与生物预处理设施合建。

17 排水工程用地

17.1 一般规定

17.1.1 排水工程用地标准应按照城镇污水处理厂、污水泵站、雨水泵站以及雨水调蓄池等设施类型分类设置。

17.1.2 城镇污水处理厂建设用地面积应根据工程建设规模和建设形式确定。城镇污水处理厂的污水处理级别按照二级处理加深度处理考虑,出水水质执行国家标准《城镇污水处理厂污染物排放标准》GB 19818—2002 的一级 A 及以上标准。

17.1.3 污水泵站和雨水泵站建设用地面积应根据工程建设规模确定。

17.1.4 雨水调蓄池建设用地面积应根据调蓄容积确定。

17.1.5 本标准所列建设用地指标是指单项排水工程的建设用地面积。城镇排水工程建设应积极采用节地技术,尽可能集约化布置,减少用地,提高土地利用率。

17.1.6 城镇污水处理厂、污水泵站、雨水泵站宜独立用地,雨水调蓄池宜与排水泵站、城市污水处理厂等排水设施综合设置,或结合公共绿地以地下形式综合设置。

17.2 城镇污水处理厂

17.2.1 城镇污水处理厂工程建设规模按日处理水量可分为六类:

特大:大于 100 万 m^3/d;

Ⅰ类:50 万 m^3/d~100 万 m^3/d;

Ⅱ类:20万 m³/d～50万 m³/d;
Ⅲ类:10万 m³/d～20万 m³/d;
Ⅳ类:5万 m³/d～10万 m³/d;
Ⅴ类:1万 m³/d～5万 m³/d。

17.2.2 城镇污水处理厂的建设形式包括地上常规污水处理厂和集约一体化布置的地下式(包括半地下式和全地下式)污水处理厂两种形式。

17.2.3 城镇污水处理厂建设用地应由污水处理和污泥脱水处理的生产设施、辅助生产设施、行政办公与生活服务设施、绿化、道路等设施用地构成:

1 根据工艺特点,污水处理的生产设施主要包括格栅、提升泵房、沉砂、初沉、生物处理、二沉等二级处理,以及絮凝沉淀、过滤、消毒等深度处理设施。污泥处理的生产设施主要包括污泥浓缩、污泥储池和污泥脱水等。

2 辅助生产设施主要包括供配电设施、加药加氯设施、曝气充氧设施、除臭设施、生产控制设施、机修及仓库、化验及试验等。

3 行政办公与生活服务设施主要包括综合办公楼、食堂、保安保卫、交通运输(含车库)等。

17.2.4 城镇污水处理厂建设用地指标由基本指标和调整指标两部分构成。

17.2.5 城镇污水处理厂建设用地基本指标不宜超过表17.2.5的规定。

表17.2.5 城镇污水处理厂建设用地基本指标

建设规模 (万 m³/d)	地上常规污水处理厂用地 指标[m²/(m³/d)]	全地下或半地下污水处理厂 用地指标[m²/(m³/d)]
特大(>100)	≤0.45	≤0.40
Ⅰ类(50～100)	0.65～0.45	0.45～0.40
Ⅱ类(20～50)	0.80～0.65	0.60～0.45

续表17.2.5

建设规模 （万 m³/d）	地上常规污水处理厂用地指标[m²/(m³/d)]	全地下或半地下污水处理厂用地指标[m²/(m³/d)]
Ⅲ类(10～20)	0.95～0.80	0.75～0.60
Ⅳ类(5～10)	1.20～0.95	1.00～0.75
Ⅴ类(1～5)	1.75～1.20	1.40～1.00

注：1 建设规模大的取用地指标下限，规模小的取用地指标上限，位于中间数值的宜采用线性内插法确定用地指标。
2 规模小于1万 m³/d的城镇污水处理厂建设用地指标应符合国家其他有关规定。
3 表中不包括污泥干化焚烧等处理处置设施的用地指标。
4 若城镇污水处理厂内建有污泥干化焚烧等处理处置设施，经论证后，可按要求增加建设用地指标。

17.2.6 城镇污水处理厂辅助生产、行政办公与生活服务设施应在满足污水处理厂正常运行管理和管理区环境要求的条件下，严格控制用地面积，不应超过污水处理厂总用地面积的10%。

17.2.7 当城镇污水处理厂污泥处理工艺包括消化系统时，可在基础指标上予以调整，增加幅度不宜超过第17.2.5条用地面积的10%。

17.3 污水泵站

17.3.1 污水泵站工程建设规模按日输送水量可分为六类：
特大：大于100万 m³/d；
Ⅰ类：50万 m³/d～100万 m³/d；
Ⅱ类：20万 m³/d～50万 m³/d；
Ⅲ类：10万 m³/d～20万 m³/d；
Ⅳ类：5万 m³/d～10万 m³/d；
Ⅴ类：1万 m³/d～5万 m³/d。

17.3.2 污水泵站建设用地由泵房、配套设施和必要的行政办公与生活服务设施、道路、绿化等用地构成。

17.3.3 污水泵站建设用地指标不宜超过表17.3.3的规定。

表17.3.3 污水泵站建设用地指标

建设规模(万 m^3/d)	用地指标[m^2/(m^3/d)]
特大(>100)	≤0.004 7
Ⅰ类(50~100)	0.005 4~0.004 7
Ⅱ类(20~50)	0.010~0.005 4
Ⅲ类(10~20)	0.015~0.010
Ⅳ类(5~10)	0.024~0.015
Ⅴ类(1~5)	0.08~0.024

注:1 建设规模大的取用地指标下限,规模小的取用地指标上限,位于中间数值的宜采用线性内插法确定用地指标。
2 小于Ⅴ类规模的泵站执行Ⅴ类规模的用地指标。

17.4 雨水泵站

17.4.1 雨水泵站工程建设规模可按设计秒流量分为四类:
Ⅰ类:大于20 m^3/s;
Ⅱ类:10 m^3/s~20 m^3/s;
Ⅲ类:5 m^3/s~10 m^3/s;
Ⅳ类:1 m^3/s~5 m^3/s。

17.4.2 雨水泵站建设用地由泵房、配套设施和必要的行政办公与生活服务设施、道路、绿化等用地构成。

17.4.3 雨水泵站建设用地指标不宜超过表17.4.3的规定。

表17.4.3 雨水泵站建设用地指标

序号	建设规模(m^3/s)	用地指标[m^2/(m^3/s)]
1	20~30	210~190
2	10~20	300~210

续表17.4.3

序号	建设规模(m³/s)	用地指标[m²/(m³/s)]
3	5~10	460~300
4	1~5	800~460

注:当雨水泵站建设规模大于30 m³/s或小于1 m³/s可按照Ⅰ类用地指标下限值或Ⅳ类用地指标上限值来测算用地面积。

17.4.4 合流泵站项目可按照第17.4.3条的相关规定予以调整,增加幅度不宜超过第17.4.3条用地面积的10%。

17.5 雨水调蓄池

17.5.1 雨水调蓄池工程建设规模可按调蓄容积分为四类:
Ⅰ类:大于100 000 m³;
Ⅱ类:50 000 m³~100 000 m³;
Ⅲ类:10 000 m³~50 000 m³;
Ⅳ类:2 000 m³~10 000 m³。

17.5.2 雨水调蓄池用地由调蓄池池体、配套的供配电设施、除臭装置及其他附属设施等用地构成。

17.5.3 雨水调蓄池建设用地指标不宜超过表17.5.3的规定。

表17.5.3 雨水调蓄池建设用地指标

序号	调蓄容积(m³)	用地指标(m²/m³)
1	>100 000	0.20
2	50 000~100 000	0.30~0.20
3	10 000~50 000	0.35~0.30
4	2 000~10 000	0.40~0.35

18 电力工程用地

18.1 一般规定

18.1.1 电力工程用地标准应按照 220 kV 变电站、110 kV 变电站和 35 kV 变电站等设施类型分类设置。

18.1.2 电力工程应在保证安全经济运行、维护方便的前提下尽可能节约用地，宜采用地上户内站建设形式。主城区范围内建设的项目，在充分论证评估安全性基础上，可新建地下或半地下变电站。

18.1.3 220 kV 变电站、110 kV 变电站应独立用地，35 kV 变电站宜综合设置。

18.2 变电站

18.2.1 220 kV 变电站、110 kV 变电站和 35 kV 变电站的建设形式分为户内式和地下式。

18.2.2 变电站建设用地由主体建（构）筑物、道路、绿地和辅助建筑等用地构成。主体建（构）筑物包含主变室、散热器室、配电装置室等建（构）筑物。

18.2.3 变电站建设用地指标由基本指标和调整指标两部分构成。

18.2.4 变电站建设用地基本指标不宜超过表 18.2.4 的规定。

表 18.2.4 变电站建设用地基本指标

电压等级	类型	主变容量（MVA/台）	配电装置形式	用地面积(m^2)
35 kV	户内式	31.5/3	开关柜	2 100～2 400
	地下式	31.5/3	开关柜	3 000～3 500
110 kV	户内式	80/3	110 kV:GIS 10 kV:开关柜	2 400～3 600
	地下式	80/3	110 kV:GIS 10 kV:开关柜	3 500～5 000
220 kV	户内式	300/3	220 kV:GIS 110 kV:GIS 35 kV:开关柜	中心站:10 000～15 000 中间站:8 500～10 000 终端站:6 500～8 500
	地下式	300/3	220 kV:GIS 110 kV:GIS 35 kV:开关柜	中间站:9 500～10 500 终端站:8 000～9 000

18.2.5 变电站项目建设条件与第18.2.4条不一致时，可按要求予以调整，形成调整指标：

1 变电站整体与其他设施合建时，可适当减少用地面积，减少幅度不宜超过第18.2.4条用地面积的20%。

2 220 kV变电站配电装置若采用HGIS形式，可适当增加用地面积，增加幅度不宜超过第18.2.4条用地面积的10%。

19 燃气工程用地

19.1 一般规定

19.1.1 燃气工程用地标准适用于以管道天然气作为气源的燃气设施,按照门站、清管站、高压调压站、次高压调压站、阀室等设施类型分类设置。

19.1.2 燃气工程应独立用地。

19.2 门 站

19.2.1 门站应具有过滤、调压、计量、分输、加臭等功能。

19.2.2 门站建设用地包括生产设施用地、辅助生产设施用地、道路及绿化用地:

　　1 生产设施用地包含工艺管束区、智能清管检测区、阀门区、加热区、气质检测区等用地。

　　2 辅助生产设施用地包含仓库、门卫、消防泵站、消防水池、变配电室、生产办公楼等用地。

19.2.3 门站建设用地指标不宜超过表19.2.3的规定。

表19.2.3 门站建设用地指标

设计规模(万 Nm^3/h)	用地面积(m^2)
≤50	12 000~17 000
50~100	17 000~20 000
100~200	20 000~22 000

注:设计规模不小于200万 Nm^3/h 的门站,应专项论证确定用地面积。

19.3 清管站

19.3.1 清管站可分为无人值守站和有人值守站两种类型。

19.3.2 无人值守清管站建设用地包括生产设施用地、仪表间用地、道路及绿化用地。其中，生产设施用地包含阀门区、清管区、放散区及排污区等用地。

19.3.3 有人值守清管站建设用地包括生产设施用地、辅助生产设施用地、道路及绿化用地：

　　1 生产设施用地包含阀门区、清管发送区、接收区、放散区和排污区等用地。

　　2 辅助生产设施用地包括生产办公楼、仪表室和停车场等用地。

19.3.4 清管站建设用地指标不宜超过表19.3.4的规定。

表 19.3.4　清管站建设用地指标

类型		用地面积(m^2)
有人值守清管站		5 800～6 200
无人值守清管站	1套清管器	2 000～2 200
	2套清管器	2 400～2 600

19.4 高压调压站

19.4.1 高压调压站可分为无人值守站和有人值守站两种类型。燃气进站压力应大于1.6 MPa。

19.4.2 无人值守高压调压站建设用地包括生产设施用地、仪表间、道路及绿化用地。其中，生产设施用地包含预处理区、高压调压撬区及排污区等用地。

19.4.3 有人值守高压调压站建设用地包括生产设施用地、辅助生产设施用地、道路及绿化用地：

    1 生产设施用地包含预处理区、管束区、调压橇区、排污区、加热区、集中放散区和阀门区等用地。

    2 辅助生产设施用地包括生产办公楼和停车场等用地。

19.4.4 无人值守高压调压站建设用地指标不宜超过表19.4.4-1的规定。有人值守高压调压站建设用地指标不宜超过表19.4.4-2的规定。

表19.4.4-1　无人值守高压调压站建设用地指标

设计规模（万 Nm^3/h）	用地面积（m^2）
5～10	1 600～2 200
10～20	2 200～3 000

表19.4.4-2　有人值守高压调压站建设用地指标

设计规模（万 Nm^3/h）	用地面积（m^2）
20～30	5 500～7 500
30～60	7 500～12 000

19.5　次高压调压站

19.5.1 次高压调压站应为无人值守站。燃气进站压力应大于0.4MPa且不大于1.6 MPa。

19.5.2 次高压调压站建设用地包括生产设施用地、仪表间、道路及绿化用地。生产设施用地包含预处理区、调压橇区、排污区等用地。

19.5.3 无人值守次高压调压站建设用地指标不宜超过表19.5.3的规定。

表 19.5.3　无人值守次高压调压站建设用地指标

设计规模(万 Nm³/h)	用地面积(m²)
≤5	≤1 500
5~10	1 500~2 200
10~20	2 200~2 800

19.6　阀　室

19.6.1　阀室是指长距离高压管道沿线设置阀门的地上建(构)筑物。根据本市阀室建设情况,阀室可分为单阀室和双阀室：

1　单阀室内设置 1 个线路截断阀。

2　双阀室一般设置 1 个线路截断阀和一个支管阀。

19.6.2　阀室建设用地包括阀室、配电仪表室、集中放散管等用地。

19.6.3　阀室建设用地指标不宜超过表 19.6.3 的规定。

表 19.6.3　阀室建设用地指标

类型	用地面积(m²)
单阀室	140~160
双阀室	200~220

20 水利工程用地

20.1 一般规定

20.1.1 水利工程用地标准应按水利水闸工程和水利泵站工程等设施类型分类设置。

20.1.2 黄浦江规划河口建闸等特大型泵、闸工程（闸门总宽超过 60 m，泵站总流量超过 100 m³/s）的建设用地应按照水利部有关规定经专项论证后执行。

20.1.3 泵闸合建工程根据泵站和水闸的具体规模，以相对较大的用地标准作为控制基准。

20.1.4 水利水闸工程和水利泵站工程的管理用房宜与水利设施综合设置。

20.2 水利水闸工程

20.2.1 本市水利水闸工程分为两类：

一类：沿长江、杭州湾及黄浦江干流一线防汛堤线上的水利水闸工程，包括蕰藻浜、淀浦河等河口闸下段各支流一线河口水闸工程；

二类：一类工程外的水闸工程。

20.2.2 水利水闸工程建设用地指标不宜超过表 20.2.2 的规定。

表 20.2.2 水利水闸工程建设用地指标

项目		节制闸规模(m)			
		≥24	24~10	10~5	<5
布置总长(m)	一类	140~120	130~110	110~100	85
	二类	120~100	100~80	80~70	—
两岸控制宽度(m)	一类	40~30	30~20	20~15	—
	二类	30~20	20~15	15~10	—

注：布置总长、两岸控制宽度是指规划河口线以外工程及管理设施用地控制范围。

20.2.3 水利水闸工程单岸布置管理用房时，两岸控制宽度为表 20.2.2 中宽度的 2 倍，另一岸保留 6 m~10 m 防汛通道及绿化。

20.3 水利泵站工程

20.3.1 本市水利泵站工程分为三类：

一类：沿长江、杭州湾及黄浦江干流一线防汛堤线上的水利泵站工程，包括蕰藻浜、淀浦河等河口闸下段各支流一线河口泵站工程；

二类：一类工程外，泵站流量不小于 10 m^3/s 的泵站工程；

三类：一类工程外，泵站流量小于 10 m^3/s 的泵站工程。

20.3.2 水利泵站工程建设用地指标不宜超过表 20.3.2 的规定。

表 20.3.2 水利泵站工程建设用地指标

项目		泵站规模(m^3/s)					
		>40	40~30	30~15	15~10	10~2.5	<2.5
布置总长(m)		120~80	80~70	80~70	80~70	80~70	55
两岸控制宽度(m)	一类	30~20	20~15	20~10	20~10	—	—
	二类	30~20	20~15	15~10	15~10	—	—
	三类	—	—	—	—	10~5	—

注：布置总长、两岸控制宽度是指规划河口线以外工程及管理设施用地控制范围。

20.3.3 水利泵站工程单岸布置管理用房时,两岸控制宽度为表 20.3.2 中宽度的 2 倍,另一岸保留 6 m～10 m 防汛通道及绿化。

21 环卫工程用地

21.1 一般规定

21.1.1 环卫工程用地标准应按照收集设施、转运设施、处理设施、其他设施等设施类型分类设置。收集设施包括水域保洁作业管理基地等；转运设施包括垃圾转运站、垃圾转运码头等；处理设施包括垃圾焚烧厂、垃圾卫生填埋场、湿垃圾堆肥处理设施、湿垃圾厌氧处理设施、建筑垃圾处理处置设施等；其他设施包括环境卫生车辆停车场等。

21.1.2 收集设施、转运设施建设用地面积根据工程建设规模、附属功能综合确定。

21.1.3 处理设施建设用地面积根据工程建设规模和处理工艺综合确定。

21.1.4 环境卫生车辆停车场等其他设施建设用地面积根据停车数量、车辆类型、停车方式综合确定。

21.1.5 收集设施、转运设施、处理设施、其他设施中对于海绵城市的建设要求，宜按照现行上海市工程建设规范《海绵城市建设技术标准》DG/TJ 08—2298实施，不应增加建设用地面积。

21.1.6 处理设施宜独立用地，可与排水设施等市政设施综合设置。转运设施可与公共绿地、公共停车场等市政设施、工业仓储等综合设置。环境卫生车辆停车场宜与公共绿地、市政设施、工业仓储等综合设置。收集设施宜与公共停车场、公共绿地、体育设施、商业办公、工业仓储等设施综合设置。同时，有条件的情况下，各类环卫设施宜集中设置，建设固废综合处理园区。

21.2 水域保洁作业管理基地

21.2.1 水域保洁作业基地按 14 km/座的密度设置,岸线长度按 150 m~180 m 布置,陆上建设用地面积宜为 1 000 m^2 ~1 200 m^2。

21.2.2 水域保洁管理基地按航道分段设置,使用岸线按每处 120 m~150 m 布置,陆上建设用地面积宜为 1 000 m^2 ~1 200 m^2。

21.3 垃圾转运站

21.3.1 垃圾转运站工程建设规模应按设计转运量分为五类:
Ⅰ类:1 000 t/d~3 000 t/d;
Ⅱ类:450 t/d~1 000 t/d;
Ⅲ类:150 t/d~450 t/d;
Ⅳ类:50 t/d~150 t/d;
Ⅴ类:<50 t/d。

21.3.2 垃圾转运站建设用地指标由基本指标和调整指标两部分构成。

21.3.3 垃圾转运站建设用地基本指标不宜超过表 21.3.3 的规定。

表 21.3.3 垃圾转运站建设用地基本指标

建设规模(t/d)	用地面积(m^2)
Ⅰ类(1 000~3 000)	15 000~20 000
Ⅱ类(450~1 000)	10 000~15 000
Ⅲ类(150~450)	4 000~10 000
Ⅳ类(50~150)	1 000~4 000
Ⅴ类(<50)	500~1 000

注:建设规模大的取用地指标上限,规模小的取用地指标下限,位于中间数值的宜采用线性内插法确定用地指标。

21.3.4 项目建设规模或功能配置与表21.3.3不一致时,可按照要求予以调整,形成调整指标:

    1 含可回收物分选和大件垃圾处理功能的垃圾转运站,经专项论证后,可按照《上海市可回收物回收体系建设导则(2020版)》的相关规定增加用地面积。

    2 建设规模超过3 000 t的超大型转运站,其超出规模部分用地面积按6 m^2/t～10 m^2/t增加用地面积。

    3 拆除垃圾和装修垃圾等建筑垃圾转运设施,可按照第21.3.3条的规定确定用地面积。

21.4 垃圾转运码头

21.4.1 垃圾转运码头综合用地按每米岸线配备不少于15 m^2的陆上作业场地。

21.4.2 采用集装箱中转运输的垃圾转运码头,若需要附设垃圾压缩装箱功能的,其作业用地可执行垃圾转运站的用地标准。

21.5 垃圾焚烧厂

21.5.1 垃圾焚烧厂工程建设规模按日处理能力分为两类:
    Ⅰ类:1 200 t/d～2 000 t/d;
    Ⅱ类:600 t/d～1 200 t/d。

21.5.2 垃圾焚烧厂处理工艺包括受料及供料、焚烧、烟气处理、余热利用、飞灰和炉渣预处理等流程。建设内容应包括接收及储存系统、焚烧系统、余热利用系统、烟气净化系统、灰渣处理系统、污水处理系统、臭气处理系统、配套设施等。

21.5.3 垃圾焚烧厂建设用地指标不宜超过表21.5.3的规定。

表 21.5.3 垃圾焚烧厂建设用地指标

建设规模(t/d)	用地面积(m^2)
Ⅰ类(1 200~2 000)	40 000~60 000
Ⅱ类(600~1 200)	30 000~40 000

注:建设规模大的取用地指标上限,规模小的取用地指标下限,位于中间数值的宜采用线性内插法确定用地指标。

21.5.4 建设规模大于 2 000 t/d 的特大型焚烧处理工程项目用地,可在第 21.5.3 条的基础上予以调整,超出部分按 30 m^2/(t·d)增加用地面积。

21.6 垃圾卫生填埋场

21.6.1 垃圾卫生填埋场的处置对象包括生活垃圾、湿垃圾处理后的残渣、建筑垃圾处理后的残渣、生活垃圾焚烧飞灰和医疗废物焚烧残渣等。

21.6.2 垃圾卫生填埋场工程建设规模可按日处理能力分为四类:

Ⅰ类:不小于 1 200 t/d;
Ⅱ类:500 t/d~1 200 t/d;
Ⅲ类:200 t/d~500 t/d;
Ⅳ类:小于 200 t/d。

21.6.3 垃圾卫生填埋场项目用地由主体工程设施和辅助工程设施两部分构成:

1 填埋场主体工程构成内容包括计量设施,地基处理与防渗系统,防洪、雨污分流及地下水导排系统,场区道路,垃圾坝,渗沥液收集和处理系统,填埋气体导排和处理(可含利用)系统,封场工程及监测井等。

2 填埋场辅助工程构成内容包括进场道路,备料场,供配电,给排水设施,生活和行政办公管理设施,设备维修,消防和安全卫生设施,车辆冲洗、通信、监控等附属设施或设备,并宜设置应急设施(包括垃圾临时存放、紧急照明等设施)。Ⅲ类以上填埋场宜设置环境监测室、停车场等设施。

21.6.4 垃圾卫生填埋场项目总用地面积,应满足其使用寿命10年以上的垃圾容量,垃圾卫生填埋场库容系数不宜小于15 m^3/m^2,填埋库区的用地面积宜为总面积的70%~90%。其中,行政办公与生活服务设施用地面积不应超过总用地面积的10%。

21.7 湿垃圾堆肥处理设施

21.7.1 湿垃圾堆肥处理设施工程建设规模可按日处理能力分为三类:

Ⅰ类:不小于600 t/d;
Ⅱ类:300 t/d~600 t/d;
Ⅲ类:150 t/d~300 t/d。

21.7.2 湿垃圾堆肥处理基本工艺流程可包括预处理、主发酵、中间处理、次级发酵和后处理等单元。

21.7.3 湿垃圾堆肥处理设施用地由主体工程设施、配套工程设施以及附属设施等用地构成。设施的设置应根据进入堆肥处理工程的垃圾特性、堆肥处理工艺和规模综合确定,包括下列设施:

1 主体工程设施主要包括称重计量设施、预处理设施、发酵设施、后处理设施、除臭设施、渗滤液收集和处理设施等。

  1)计量设施主要包括汽车衡、控制与记录等设备及相关建(构)筑物。
  2)预处理设施主要包括受料、给料、破袋、分选、破碎、输送等机械设备及相关建(构)筑物。
  3)发酵设施主要包括与高温好氧发酵工艺相匹配的机械设备及相关建(构)筑物。

4）后处理设施主要包括堆肥处理后的物料进行进一步处理所需的精分选、输送、破碎等机械设备及相关建（构）筑物。

5）除臭设施主要包括臭气收集设施和处理设施。

2 配套工程设施主要包括厂内道路、维修、供配电、给排水、消防、通信、监测化验、消杀和绿化等设施。

3 附属设施主要包括行政办公用房、机修车间、计量间、化验室、变配电室和监控室等生产管理设施，以及值班宿舍、食堂、浴室等生活服务设施。

21.7.4 湿垃圾堆肥处理设施建设用地指标不宜超过表 21.7.4 的规定。

表 21.7.4 湿垃圾堆肥处理设施建设用地指标

建设规模（t/d）	用地面积（m²）
Ⅰ类（≥600）	50 000～80 000
Ⅱ类（300～600）	35 000～50 000
Ⅲ类（150～300）	25 000～35 000

注：建设规模大的取用地指标上限，规模小的取用地指标下限，位于中间数值的宜采用线性内插法确定用地指标。

21.7.5 若湿垃圾堆肥处理设施处理工艺不止 1 种，或包含产品深加工处理、残余物处理工艺，其建设用地面积经专项论证后，可根据实际情况予以调整，增加幅度不宜超过第 21.7.4 条用地面积的 10%。

21.8 湿垃圾厌氧处理设施

21.8.1 湿垃圾厌氧处理设施可对食材废料、剩菜剩饭、过期食品、瓜皮果核、花卉绿植、中药药渣等易腐的生物质生活废弃物进行厌氧处理。

21.8.2 湿垃圾厌氧处理设施的建设用地由主体工程设施、配套工程设施以及附属设施等用地构成：

  1 主体工程设施包括计量设施、前处理设施、厌氧发酵设施、沼渣处理设施、沼气利用设施、除臭设施等。

    1）计量设施包括地衡、控制与记录等设备及相关建（构）筑物。

    2）前处理设施包括受料、给料、破袋、分选、破碎、输送等机械设备及相关建（构）筑物。

    3）厌氧发酵设施包括与厌氧发酵工艺相匹配的均质罐、厌氧罐、出料罐、脱水机房等相关建（构）筑物及机械设备。

    4）沼渣处理设施包括对沼液脱水后的沼渣进行进一步处理所需的热干化等机械设备及相关建（构）筑物。

    5）沼气利用设施包括对厌氧产生的沼气进行净化、提纯或发电所需的等机械设备及相关建（构）筑物。

    6）除臭设施包括臭气收集设施和处理设施。

  2 配套工程设施包括厂内道路、维修、供配电、给排水、污水处理、消防、通信、机修车间、计量间、化验室、变配电室和监控室等。

  3 附属设施包括行政办公用房等。

21.8.3 湿垃圾厌氧处理设施宜按照 85 m²/(t·d)～130 m²/(t·d) 测算用地面积。

21.8.4 沼渣处理系统若采用生物干化和堆肥工艺，其设施用地可根据湿垃圾堆肥处理设施增加用地。

21.9 建筑垃圾处理设施

21.9.1 建筑垃圾主要指拆除垃圾和装修垃圾等，宜采用资源化利用的方式处理。

21.9.2 建筑垃圾处理设施建设内容包括接收及储存系统、破碎系统、筛分系统、粉尘控制系统、噪声控制系统、配套设施等。不包括产品深加工、轻质物的资源化利用设施。来料暂存和产品暂存不宜大于 7 d。

21.9.3 建筑垃圾处理设施建设用地宜按 20 m^2/(t·d)～40 m^2/(t·d)测算用地面积。处理规模小的处理设施可取上限，装修垃圾可取上限。

21.10 环境卫生车辆停车场

21.10.1 环境卫生车辆停车场用地可根据停放的车辆规格、停车方式和数量综合确定。

21.10.2 环境卫生车辆停车场建设用地指标不宜超过表 21.10.2 的规定。

表 21.10.2 环境卫生车辆停车场建设用地指标

停车场布置方式	用地指标(m^2/标准车)
立体停车	70～90
平面停车	120～150

22 消防工程用地

22.1 一般规定

22.1.1 消防工程用地具体指消防救援站设施用地,可按照一级普通消防救援站、二级普通消防救援站、小型普通救援消防站和特勤消防救援站等设施类型分类设置。

22.1.2 消防救援站宜独立用地,对于用地困难地区可结合综合性建筑设置,应具有独立的功能分区。

22.2 消防救援站

22.2.1 消防救援站用地应由场地、房屋建筑等设施用地构成:

  1 消防救援站的场地主要包括室外训练场、道路、绿地等。

  2 消防救援站的房屋建筑包括业务用房、业务附属用房和辅助用房。

22.2.2 消防救援站建设用地指标不宜超过表22.2.2的规定。

表22.2.2 消防救援站建设用地指标

类型	用地面积(m^2)		
	主城区		郊区
	中心城	主城片区	
一级普通消防救援站	3 200~3 800	3 500~4 800	3 900~5 600
二级普通消防救援站	2 400~2 800		—
小型普通消防救援站	800~1 000		
特勤消防救援站	5 600~7 200		

23 其他市政设施用地

23.1 一般规定

23.1.1 本标准中的其他市政设施仅针对地面沉降监测设施进行设置。地面沉降监测设施可分为地面沉降监测站、单组地面沉降监测设施、独立地面沉降监测设施等。

23.1.2 地面沉降监测设施的设置数量和建设用地面积宜满足地面沉降防治需要和控制要求。

23.1.3 地面沉降监测站宜独立用地,单组地面沉降监测设施、独立地面沉降监测设施应与其他市政设施综合设置。

23.2 地面沉降监测设施

23.2.1 地面沉降监测站宜设置保护用房,保护用房应具备监测设施保护、仪器设备安置、数据采集、办公等功能,应满足消防、绿化、给排水等要求。

23.2.2 地面沉降监测站建设用地面积宜按主城区和郊区划分。其中,主城区宜为 600 m^2 ~ 800 m^2,郊区宜为 1 200 m^2 ~ 1 600 m^2。

23.2.3 单组地面沉降监测设施、独立地面沉降监测设施建设用地面积宜按照设置数量等情况综合确定。

本标准用词说明

1 为便于在执行本标准条文时区别对待,对要求严格程度不同的用词说明如下:
 1) 表示很严格,非这样做不可的用词:
  正面词采用"必须";
  反面词采用"严禁"。
 2) 表示严格,在正常情况下均应这样做的用词:
  正面词采用"应";
  反面词采用"不应"或"不得"。
 3) 表示允许稍有选择,在条件许可时首先应这样做的用词:
  正面词采用"宜";
  反面词采用"不宜"。
 4) 表示有选择,在一定条件下可以这样做的用词,采用"可"。

2 条文中指明应按其他有关标准、规范执行时的写法为"应符合……的规定"或"应按……执行"。

引用标准名录

1 《生活饮用水卫生标准》GB 5749
2 《城镇污水处理厂污染物排放标准》GB 19818
3 《建筑设计防火规范》GB 50016
4 《城镇燃气设计规范》GB 50028
5 《地铁设计规范》GB 50157
6 《石油天然气工程设计防火规范》GB 50183
7 《火力发电厂与变电站设计防火标准》GB 50229
8 《生活垃圾卫生填埋处理技术规范》GB 50869
9 《消防给水及消火栓系统技术规范》GB 50974
10 《生活垃圾处理处置工程项目规范》GB 55012
11 《市容环卫工程项目规范》GB 55013
12 《城镇燃气规划规范》GB/T 51098
13 《城市电力规划规范》GB/T 50293
14 《城市环境卫生设施规划标准》GB/T 50337
15 《城市轨道交通工程基本术语标准》GB/T 50833
16 《急救中心建筑设计规范》GB/T 50939
17 《环境卫生设施设置标准》CJJ 27
18 《生活垃圾转运站技术规范》CJJ/T 47
19 《体育建筑设计规范》JGJ 31
20 《托儿所、幼儿园建筑设计规范》JGJ 39
21 《车库建筑设计规范》JGJ 100
22 《科研建筑设计标准》JGJ 191
23 《城镇化地区公路工程技术标准》JTG 2112
24 《公路工程技术标准》JTG B01

25 《高压配电装置设计规范》DL/T 5352
26 《中医医院建设标准》建标 106
27 《公共图书馆建设标准》建标 108
28 《综合医院建设标准》建标 110
29 《生活垃圾转运站工程项目建设标准》建标 117
30 《公路工程项目建设用地指标》建标〔2011〕124 号
31 《城市公共停车场项目建设标准》建标 128
32 《文化馆建设标准》建标 136
33 《城市社区体育设施建设用地指标》建标〔2005〕156 号
34 《普通高等学校建筑面积指标》建标 191
35 《生活饮用水水质标准》DB31/T 1091
36 《建筑工程交通设计及停车库(场)设置标准》DG/TJ 08—7
37 《普通中小学校建设标准》DG/TJ 08—12
38 《城镇高压、超高压天然气管道工程技术规程》DGJ 08—102
39 《公交场站规划用地及建设标准》DG/TJ 08—2057
40 《有轨电车工程设计规范》DG/TJ 08—2213
41 《城市道路立体交叉规划与设计标准》DG/TJ 08—2283
42 《海绵城市建设技术标准》DG/TJ 08—2298
43 《轨道交通规划设计标准》DG/TJ 08—2325
44 《道路与交通设施规划标准》DG/TJ 08—2393

上海市工程建设规范

节约集约建设用地标准

DG/TJ 08—2422—2023
J 16930—2023

条 文 说 明

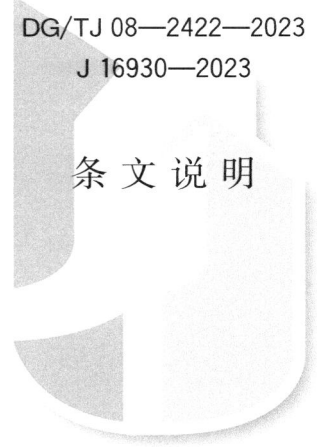

2023　上海

目 次

1 总 则 ································· 87
2 术 语 ································· 89
3 基本规定 ······························· 90
4 基础教育设施用地 ························ 91
   4.1 一般规定 ··························· 91
   4.2 普通幼儿园 ························· 91
   4.3 普通中小学 ························· 93
5 文化设施用地 ···························· 95
   5.1 一般规定 ··························· 95
   5.2 公共图书馆 ························· 95
   5.3 博物馆 ····························· 97
   5.4 文化中心(馆) ······················· 97
6 体育设施用地 ···························· 99
   6.1 一般规定 ··························· 99
   6.2 体育设施 ··························· 99
7 医疗卫生设施用地 ······················ 104
   7.1 一般规定 ·························· 104
   7.2 综合医院 ·························· 104
   7.3 专科医院 ·························· 105
   7.4 卫生防疫设施 ······················ 107
   7.5 其他医疗卫生设施 ·················· 108
8 高等教育设施用地 ······················ 109
   8.1 一般规定 ·························· 109
   8.2 普通高等学校 ······················ 109

9 社会福利设施用地 ·········· 111
  9.1 一般规定 ·········· 111
  9.2 机构养老照料设施 ·········· 111
10 公路用地 ·········· 113
  10.1 一般规定 ·········· 113
  10.2 公路用地与公路互通式立体交叉 ·········· 114
  10.3 公路附属设施 ·········· 115
11 城市道路用地 ·········· 116
  11.1 一般规定 ·········· 116
  11.2 城市道路用地与城市道路立体交叉 ·········· 116
12 轨道交通工程用地 ·········· 118
  12.1 一般规定 ·········· 118
  12.2 线路和车站 ·········· 119
  12.3 车辆基地及其他附属设施 ·········· 125
13 公共停车场用地 ·········· 127
  13.1 一般规定 ·········· 127
  13.2 机动车停车场(库) ·········· 127
14 公交场站用地 ·········· 130
  14.1 一般规定 ·········· 130
  14.2 公交停车场(库)、停保场 ·········· 130
  14.3 公交线路首末站、枢纽站 ·········· 131
15 其他交通设施用地 ·········· 133
  15.1 一般规定 ·········· 133
  15.2 交通能源(加注)站 ·········· 133
16 给水工程用地 ·········· 135
  16.1 一般规定 ·········· 135
  16.2 净水厂 ·········· 135
  16.3 给水泵站 ·········· 136

17	**排水工程用地** ……	137
	17.1 一般规定 ……	137
	17.2 城镇污水处理厂 ……	138
	17.3 污水泵站 ……	140
	17.4 雨水泵站 ……	141
	17.5 雨水调蓄池 ……	142
18	**电力工程用地** ……	143
	18.1 一般规定 ……	143
	18.2 变电站 ……	144
19	**燃气工程用地** ……	146
	19.1 一般规定 ……	146
	19.2 门　站 ……	146
	19.3 清管站 ……	148
	19.4 高压调压站 ……	148
	19.5 次高压调压站 ……	150
	19.6 阀　室 ……	151
20	**水利工程用地** ……	153
	20.1 一般规定 ……	153
	20.2 水利水闸工程 ……	153
	20.3 水利泵站工程 ……	154
21	**环卫工程用地** ……	155
	21.1 一般规定 ……	155
	21.2 水域保洁作业管理基地 ……	155
	21.3 垃圾转运站 ……	156
	21.4 垃圾转运码头 ……	157
	21.5 垃圾焚烧厂 ……	158
	21.6 垃圾卫生填埋场 ……	158
	21.7 湿垃圾堆肥处理设施 ……	159
	21.8 湿垃圾厌氧处理设施 ……	159

21.9　建筑垃圾处理设施 …………………………… 161
　　21.10　环境卫生车辆停车场 ………………………… 162
22　消防工程用地 ……………………………………… 163
　　22.1　一般规定 …………………………………… 163
　　22.2　消防救援站 ………………………………… 163
23　其他市政设施用地 ………………………………… 169
　　23.1　一般规定 …………………………………… 169
　　23.2　地面沉降监测设施 ………………………… 169

Contents

1 General provisions ··· 87
2 Term ··· 89
3 Basic provisions ·· 90
4 Land for basic educational facilities ························· 91
    4.1 General requirements ·· 91
    4.2 General kindergarten ·· 91
    4.3 General primary, secondary and high schools ······ 93
5 Land for cultural facilities ·· 95
    5.1 General requirements ·· 95
    5.2 Public library ··· 95
    5.3 Museum ··· 97
    5.4 Public cultural center ·· 97
6 Land for sports facilities ·· 99
    6.1 General requirements ·· 99
    6.2 Sports facilities ··· 99
7 Land for healthcare facilities ···································· 104
    7.1 General requirements ·· 104
    7.2 General hospital ··· 104
    7.3 Specialized hospital ·· 105
    7.4 Public health and disease prevention facilities ······ 107
    7.5 Other healthcare facilities ·································· 108
8 Land for higher education facilites ···························· 109
    8.1 General requirements ·· 109
    8.2 General colleges and universities ························ 109

9	Land for social welfare facilities	111
	9.1 General requirements	111
	9.2 Elderly care facilities	111
10	Land for highway	113
	10.1 General requirements	113
	10.2 Highway and highway interchange	114
	10.3 Highway ancillary facilities	115
11	Land for city roadway	116
	11.1 General requirements	116
	11.2 Urban road and urban roads interchange	116
12	Land for rail transit engineering	118
	12.1 General requirements	118
	12.2 Lines and stations	119
	12.3 Vehicle bases and other ancillary facilities	125
13	Land for public parking	127
	13.1 General requirements	127
	13.2 Motor vehicle parking garages (lots)	127
14	Land for transit depot	130
	14.1 General requirements	130
	14.2 Bus parks and depots	130
	14.3 Bus terminal and trolley bus interchange station	131
15	Land for other transport facilities	133
	15.1 General requirements	133
	15.2 Transportation energy (filling) station	133
16	Land for water supply engineering	135
	16.1 General requirements	135
	16.2 Water treatment plant	135
	16.3 Water supply pumping station	136

17	Land for drainage engineering	137
	17.1 General requirements	137
	17.2 Municipal wastewater treatment plant	138
	17.3 Wastewater pumping station	140
	17.4 Stormwater pumping station	141
	17.5 Stormwater detention tank	142
18	Land for electric power engineering	143
	18.1 General requirements	143
	18.2 Electrical substation	144
19	Land for gas engineering	146
	19.1 General requirements	146
	19.2 Gate station	146
	19.3 Pigging station	148
	19.4 High pressure regulator station	148
	19.5 Sub-high pressure regulator station	150
	19.6 Line block valve station	151
20	Land for hydraulic engineering	153
	20.1 General requirements	153
	20.2 Hydraulic sluice engineering	153
	20.3 Hydraulic pumping station engineering	154
21	Land for environmental sanitary engineering	155
	21.1 General requirements	155
	21.2 Water surface cleaning operation and management base	155
	21.3 Waste transfer station	156
	21.4 Waste transfer terminal	157
	21.5 Waste incineration plant	158
	21.6 Sanitary landfill	158

	21.7	Household food waste composting treatment facilities ···	159
	21.8	Household food waste anaerobic digestion facilities ···	159
	21.9	Construction and demolition waste treatment facilities ···	161
	21.10	Sanitation vehicle parking lot ·····················	162
22	Land for fire protection facilities ····························		163
	22.1	General requirements ································	163
	22.2	Fire rescue station ·································	163
23	Land for other municipal facilities ························		169
	23.1	General requirements ································	169
	23.2	Land subsidence monitoring facilities ············	169

1 总　则

1.0.1 本条指明了标准制定的目的。

2007年、2008年，本市陆续发布实施了《上海市基础设施用地指标（试行）》与《上海市社会事业用地指南（试行）》（两个标准以下简称"原用地标准"），用于指导本市基础设施项目和社会事业设施项目的建设。在过去多年的土地管理工作中发挥了控制建设项目用地规模的重要作用，保障了土地资源集约高效利用。但是，部分专题涉及的设计规范、工艺流程已更新，原用地标准已无法满足当前各类设施规划建设需要，亟须优化调整，推动内涵式、集约型、绿色化高质量发展。

本标准贯彻新发展理念，按照《上海市城市总体规划（2017—2035年）》提出的"底线约束、内涵发展、弹性适应"的发展模式，积极推动土地资源高质量利用，基于建设项目用地预审案例及样本资料，结合本市工程项目现状基础和未来发展趋势，在对原用地标准适用性评估基础上，经充分调查研究论证后编制而成，强化土地要素保障能力，推动经济社会高质量发展。

1.0.2 本条指出了本标准的适用范围。本标准落实了公共服务设施、道路交通设施、市政设施等工程建设用地需求，以及相关部门编制项目建议书，规划资源部门确定和审核建设项目用地面积的需要，确定了公共服务设施、道路交通设施、市政设施等工程项目用地面积。

1.0.3 本条指出了标准对新增和存量项目的适用差异。适用于新建的公共服务设施、道路交通设施、市政设施等设施确定用地面积。对于改扩建项目，应尽可能利用原有场地进行改扩建，必要情况确需新增土地的，可按照本标准的相关规定执行。

1.0.4 本条对标准建设用地指标上下限控制值提出了原则性要求。对于采用单一用地指标来控制的,容积率为下限值,建设用地指标为上限值。对于采用区间来管控的,部分设施按照计算规则来确定用地规模,部分设施采用区间中值或按项目所在区域特点确定用地规模。

1.0.5 本条解释了建设用地指标、基本指标、调整指标的内涵和适用情形。本标准基于现状案例统计汇总分析,考虑本市规划管理技术要求,根据一定技术条件综合确定了设施建设用地指标。建设用地指标一般包括基本指标和调整指标。基本指标是常规类项目确定用地面积的依据;调整指标是对特殊情况或有特殊工艺需求的项目,可结合实际情况,经专项论证后按照调整要求综合确定项目用地面积。

1.0.6、1.0.7 条文明确了本标准与相关法律法规、标准规范的关系。标准编制阶段已衔接了现行相关法律法规和标准规范,标准发布后应遵循从严从紧和适度前瞻的使用原则,并在后续标准定期评估研究阶段与新颁布的法律法规和标准、规范进行衔接并修订完善。

2 术 语

2.0.1～2.0.9 本章主要介绍了节约集约利用土地、主城区、郊区、新城、单位用地指标、用地面积等名词的基本概念。

3 基本规定

3.0.1 本条规定了各类设施建设应遵循的基本原则。

3.0.2 本条规定了项目应在满足基本需求前提下,鼓励采用先进的技术手段和管理水平,优化设计方案,促进项目节约集约用地。

3.0.3 本条鼓励通过综合立体开发的方式,促进公共服务设施、道路交通设施、市政设施等节约集约用地。其中,公共服务设施指基础教育设施、文化设施、体育设施、医疗卫生设施、高等教育设施、社会福利设施等设施类型。道路交通设施指公路、城市道路、轨道交通工程、公共停车场、公交场站、其他交通设施等设施类型。市政设施指给水工程、排水工程、电力工程、燃气工程、水利工程、环卫工程、消防工程、其他市政设施等设施类型。

3.0.4 本条鼓励用地面积较小的设施或敏感设施或对周边环境产生一定影响的设施优先利用地下空间设置。

3.0.5 本条明确改扩建项目应尽量通过原地块挖潜来满足项目建设需求,尽量减少新增建设用地。

3.0.6 本条明确了位于五个新城内的设施可按照《上海市新城规划建设导则》的相关规定规划建设,结合项目特点综合确定项目土地利用方式和用地面积。

4 基础教育设施用地

4.1 一般规定

4.1.1 结合本市现状情况,明确了本章中基础教育设施常见的设施类型,主要为小学、初级中学、九年一贯制学校、高级中学等。设施类型与原用地标准一致。

4.1.2 基础教育学校考虑学生就近入学需求,兼顾学校适当规模,确定了幼儿园、小学、初级中学、高级中学的服务半径及配建要求。

4.1.3 根据原用地标准中学生人数、现状学校学生人数统计分析情况,并结合本市用地样本资料综合确定。

4.1.4 基于案例资料分析,幼儿园独立用地比例较高,但也存在规模较小的幼儿园与住宅或其他公共服务设施综合设置的情况。小学、初级中学、九年一贯制学校、高级中学等宜独立用地。为实现全民健康的运动计划,鼓励学校体育设施在非教学时间段向周边居民开放,提高设施的利用率。

4.2 普通幼儿园

4.2.1 普通幼儿园需满足幼儿活动用房、办公用房和生活用房等功能的建设需求。幼儿园的活动用房由幼儿生活单元、公共活动空间和多功能活动室组成。

办公用房包括行政办公室、教师办公室、会议兼接待室、图书资料兼教研室、教玩具制作兼陈列室、晨检室(厅)兼接送室、保健及观察室、网络控制室、活动器械储藏室、保育员休息室、传达值班室和教工厕所、总务仓库等。

生活用房宜包括厨房、教工餐厅、炊事员更衣休息室、配电间和淋浴、洗衣房等。

4.2.2,4.2.3 条文规定了普通幼儿园建设用地由两部分构成。

基本指标指满足10班(260人)或15班(390人)幼儿园办园规模、保教管理需求的建设用地面积,具体包括现行行业标准《托儿所、幼儿园建筑设计规范》JGJ 39规定的园舍建设用地、室外游戏场地、绿化用地等用地面积。调整指标针对班级人数或数量、建设内容与基本指标不完全一致的情形,设置了调整值。

4.2.4 通过对原用地标准适用性评估研究,原学校规模、用地面积、生均建设用地指标基本满足学校配置需求。近年来,70%的新增学校项目生均规模符合用地要求,本标准不予调整。对于有特殊建设需求,确需突破班级数量或学生人数的学校,通过调整指标来强化标准的适用性。

根据《上海市城市总体规划(2017—2035年)》,修订了原用地标准的区域分类,将原"中心城区、中心城外"更新为"主城区、郊区"。

4.2.5 本条规定了设施配置非标准化或地形不规则时的用地面积测算方法。对于学生人数非标准班的学校,具体指平均班额超过26人的,可按照较为节约集约用地的15班生均指标与学生总人数的乘积测算项目总用地面积。定位为特色学校的,可在普通幼儿园的基础上增加用地面积,增加幅度不宜超过5%。对于特殊形状地块,或已通过优化方案仍无法满足项目全部功能配置要求的,可适当增加用地面积,增加幅度不宜超过5%。

4.2.6 通过对913个样本资料进行统计分析,现状幼儿园全市平均综合容积率约为0.7,近年来新增幼儿园容积率均不小于0.7,部分主城区幼儿园综合容积率达到1.0以上。幼儿园设施可独立用地,在满足功能设置的要求下,根据幼儿园分布情况,在土地利用强度方面提出了分区域差异化的下限控制值。

4.3 普通中小学

4.3.1 本条规定了本市符合当前办学实际情况的中小学用房配置要求,包含教学及教学辅助用房的基本要求,配备必要的办公和生活用房,可根据实际需求设置必要的室内体育用房或独栋建设的体育场馆用房。

4.3.2 本条引用了现行上海市工程建设规范《普通中小学校建设标准》DG/TJ 08—12 中的相关规定。

4.3.3 本条规定了本市普通中小学设施用地的两种指标。基本指标可满足教学、生活基本要求。调整指标针对班级人数或数量、建设内容与基本指标不完全一致的情形,设置了调整值,主要指有配置宿舍楼、室内体育场馆等要求的可适用调整指标。

4.3.4 本标准对原用地标准适用性开展了评估,原学校规模、用地面积、生均建设用地指标基本能满足60%新增学校的配置需求。本标准学校规模、用地面积、生均建设用地指标不予调整。对于有特殊建设需求,确需突破班级数量或学生人数的学校,通过调整指标来强化提高标准的适用性。

4.3.5 通过对现状学校及近年来新增学校的建设内容、学生人数进行分析研究,发现部分学校有设置室内体育场馆或学生住宿的需求,部分学校开设了特色课程或定位为实验性、示范性学校,本标准在已有基本指标的基础上,通过设置调整指标来落实新需求。

对于平均班额数超过规定值的,及班级数量为非常见班级数的中小学,按照就近且相对节约集约用地的生均建设用地指标与学生总人数的乘积计算项目总用地面积。对于实验性、示范性的学校设置了5%的调整空间。对于设置有室内体育场馆或有住宿需求的学校,按照实际情况增加用地面积。

4.3.6 通过对1 406个样本资料进行统计分析,现状普通中小学校全市综合容积率约为0.6,近年来新增小学、初级中学、九年一贯制学校综合容积率平均大于或等于0.7,高级中学综合容积率平均大于或等于0.8,部分主城区学校综合容积率达到0.9以上。现状普通中小学校以独立用地为主,根据普通中小学校分布情况,在满足功能设置的前提下,提出了分区域差异化的下限控制值。

5 文化设施用地

5.1 一般规定

5.1.1 本条阐述了本市文化设施的常见设施类型。相比原用地标准,增加了博物馆设施的建设用地标准。

5.1.2 本条明确了公共图书馆数量的设置原则。

5.1.3 本条阐述了在土地节约集约利用背景下,文化设施功能也趋于复合化及高效化。通过对本市文化设施的案例研究,主城区现状文化设施容积率较高,主城区外较低;改扩建的主城区文化设施其容积率可达到3～4。其他城市如深圳、北京,新建的文体中心、文化馆其容积率可达到6～7,均体现了现行大城市土地节约集约用地导向。各类文化设施设计方案中,主要采取利用地下空间设置停车场(库)、适度提高建筑高度和容积率等方式来提高土地利用效率。改扩建文化设施项目也充分利用原有场地和设施进行建设,尽量不新增用地。

5.1.4 本条提出了文化设施的土地利用方式。文化设施在满足安全和服务功能及设计规范的前提下,根据建筑面积大小结合其他设施综合设置。

5.2 公共图书馆

5.2.1、5.2.2 条文分类分级充分衔接了《公共图书馆建设标准》建标108的相关规定,对原用地标准分类分级进行了微调。同时结合本市实际情况,建立了市级、区级、社区级公共图书馆与图书馆分类的对应关系,并明确了对应公共图书馆的藏书量。

5.2.3 公共图书馆用地根据建筑设计布局划分为公共图书馆建筑用地、集散场地、绿化用地及道路和停车场用地等。

5.2.4 公共图书馆建设用地指标的确定,综合考虑了《公共图书馆建设标准》建标108中各级图书馆建筑面积要求,结合本市近年公共图书馆建设案例,适当调低了建设用地面积。与原用地标准相比,具体调整情况见表1。

表1 公共图书馆用地指标变化比对

级别	类别	原用地标准 用地面积(m²)	本标准 用地面积(m²)
市级图书馆	Ⅰ类	66 600	≥19 000
	Ⅱ类	18 000～31 500	13 500～19 000
区级图书馆	Ⅲ类	9 900～18 000	9 000～17 000
	Ⅳ类	6 700～9 900	5 000～9 000
	Ⅴ类	4 000～6 700	4 000～6 500

通过对本市已建成市级、区级图书馆进行综合研究分析,原用地标准中对各级图书馆容积率的要求符合现实需求和节约集约用地的发展导向,故本标准公共图书馆的容积率沿用原用地标准,不作调整。

5.2.5 通过梳理近年图书馆项目的建设案例,综合设置已成为图书馆发展的趋势,在满足安全和服务功能的前提下,可充分利用屋顶及地下空间、提高建筑高度及容积率、用地功能混合等多种方式来达到节约集约用地的目的。通过建筑验证,采用以上节地技术或方式,可在原用地面积的基础上减少5%～15%用地。

对于建设在郊区的公共图书馆,服务功能确需拓展的或用地面积确实难以满足方案设计要求的,通过专项论证后,可适当增加面积,增加幅度不宜突破本标准第5.2.4条用地面积的20%。

5.3 博物馆

5.3.1 本条衔接了国家有关博物馆的分级标准,按照建筑面积划分为大型馆、中型馆及小型馆三类。

5.3.2 博物馆建设用地面积与建筑面积和容积率直接相关。近年,通过对本市建设的各类博物馆建设案例开展研究,建筑面积和用地面积比较符合现实建设要求,本标准结合土地高质量利用要求,对容积率下限和用地面积上限提出了管控要求。严格控制地面停车位用地,确需建设的,地面停车用地面积不应超过总面积的8%。

5.3.3 部分博物馆由于展品体量较大,需要在室外展示。考虑博物馆类型较丰富,室外展示场地需求不一,此类博物馆可根据实际需求适当增加用地面积。

5.4 文化中心(馆)

5.4.1 本条充分衔接了《文化馆建设标准》建标136的相关规定,对原用地标准分类分级进行了微调,建立了建筑面积与服务人口的对应关系,见表2。

表2 文化馆建筑面积指标

类型	服务人口(万人)	建筑面积(m^2)
大型馆	≥250	≥8 000
	50～250	6 000～8 000
中型馆	20～50	4 000～6 000
	≥30	

续表2

类型	服务人口(万人)	建筑面积(m²)
小型馆	5～20	2 000～4 000
	5～30	
	<5	800～2 000

5.4.2、5.4.3 条文结合本市已建成文化馆的情况,明确了文化馆用地主要由文化馆建筑用地、室外活动场地、绿化用地、道路和停车场用地构成。其中,文化馆建筑用地包括房屋建筑、室外场地及建筑设备用地;文化馆室外场地包括开展群众文化艺术与信息交流活动的室外活动场地,以及必要的绿化、休憩场地、道路及停车场地等。

5.4.4 文化中心(馆)建设用地指标的确定,综合考虑了《文化馆建设标准》建标136中文化馆建筑面积要求,结合本市近年文化中心(馆)建设实践案例情况,微调了建设用地面积,删减了千人指标控制值,具体调整情况见表3。通过案例分析,新建文化馆建设项目容积率下限控制值为1.0,原用地标准控制值可以满足要求,不作调整。

表3 文化中心(馆)用地指标变化比对

级别	原用地标准 用地面积(m²)	本标准 用地面积(m²)
大型馆	6 000	4 500～6 500
中型馆	3 300～4 700	3 500～5 000
小型馆	—	2 000～4 000

6 体育设施用地

6.1 一般规定

6.1.1 近年来,在本市新建的体育设施中,不仅存在功能单一的体育场、体育馆、游泳馆,也存在功能复合或多种场馆及配套结建的体育中心类设施。因此,本标准中提出了体育场、体育馆、游泳馆、体育中心四类常见设施的建设用地标准。相比原用地标准,增设了体育中心的设施用地标准。

6.1.2 本条进一步明确了体育设施用地标准的适用对象,规定本标准不适用于体育专业比赛场地、训练基地等设施用地面积的确定。

6.1.3 本条提出了体育设施的土地利用方式。市、区两级体育设施建筑面积和用地面积较大,应通过优化设计方案及平面布局来节约集约利用土地。

6.2 体育设施

6.2.1、6.2.2 条文沿用原用地标准的表述。

6.2.3~6.2.5 体育设施应满足基本指标的建设要求。通过对体育设施建设样本资料分析,原用地指标控制值可满足本市体育场、体育馆、游泳馆的建设需求,继续沿用。

对于郊区体育设施项目,长宽比或地形不规则影响项目土地利用率,难以满足功能需求的,可适当增加面积,增加幅度不宜超过本标准第6.2.4条用地面积的20%。

6.2.6 体育中心设置的体育设施包含体育场、体育馆、游泳馆的不同组合类型。通过对现状体育中心实际案例进行分析研究,其建设用地面积可在功能用地面积叠加基础上,扣除竖向重合用地面积进行控制。可按照《城市公共体育运动设施用地定额指标暂行规定》的要求计算,具体计算方法如下:

$S_{总面积}=$ 比赛场地面积＋观众看台用地面积＋训练场地用地面积＋其他用地(含观众集散用地面积＋绿化用地＋附属设施用地面积)－竖向重合用地面积

1 运动场地用地面积:运动场包括比赛场地和训练场地,设施规格和标准应符合各运动项目比赛和训练规定和要求。运动场地用地应满足外围缓冲距离、通行宽度及安全防护等要求。室外运动场地布置方向(以长轴为准)为南北向,具体尺寸见表4。

表4 运动场地规格尺寸

体育场地					
功能		长度(m)	宽度(m)	边线缓冲距离(m)	端线缓冲距离(m)	场地面积(m^2)
手球		40	20	—	—	800
网球场		24	11	2.5～4	5～6	540～680
篮球	标准	28	15	1.5～5	1.5～2.5	560～730
	三人制	14	15	1.5～5	1.5～2.5	310～410
排球		18	9	1.5～2	3～6	290～390
羽毛球		13.4	6.1	1.5～2	1.5～2	150～175
足球场	11人制	90～120	45～90	3～4	—	4 900～12 550
	7人制	60	35	1～2	—	2 300～2 500
	5人制	25～42	15～25	1～2	—	460～1 340
门球		20～25	15～25	1	—	—
乒乓球(两台一组)		10～13	5.5～9.5	—	—	40～85

续表4

体育场地					
功能	长度(m)	宽度(m)	边线缓冲距离(m)	端线缓冲距离(m)	场地面积(m²)
游泳池	50	21~25	3~4	2~3	1 680~2 250
	25	12~15	3~4	2~3	610~910
体操	52	26	—	—	1 352
轮滑场	28	15	1~2	—	510~610
滑冰场					

多功能运动场地			
分类	长度(m)	宽度(m)	场地面积(m²)
小型(篮球/排球)	38	27	1 026
小型(手球/篮球)	48	27	1 296
大型(体操)	70	40	2 800
多功能Ⅰ型	44~48	32~38	1 408~1 824
多功能Ⅱ型	53~55	32~38	1 696~2 090
多功能Ⅲ型	70~72	40~42	2 800~3 024

跑道					
类型	周长(m)	半径(m)	长度(m)	宽度(m)	场地面积(m²)
标准跑道	400	36.5	177	93	16 461
		52	170	93	15 810
		48	173	92	15 916
		40	177	90	15 930
非标准跑道	200	15	97	45	4 365
		18	94	51	4 794
		22	89	59	5 251
	250	22	144	59	8 496
		25	111	65	7 215

续表4

跑道					
类型	周长(m)	半径(m)	长度(m)	宽度(m)	场地面积(m²)
非标准跑道	300	22	139	59	8 201
		25	136	65	8 840

足球场				
类别	使用性质	长度(m)	宽度(m)	场地面积(m²)
标准足球场	一般性比赛	90~120	45~90	4 050~10 800
	国际性比赛	100~110	64~75	6 400~8 250
	国际标准场	105	68	7 140
	专用足球场	105	68	7 140

注：1 表中数据依据《城市社区体育设施建设用地指标》建标〔2005〕156号、《建筑设计资料集 第6分册 体育·医疗·福利》(第三版)确定，已包括缓冲距离、通行宽度等。

2 表中多功能场地指为提高体育馆的使用效率，融合了多种体育项目或功能，可根据需要进行功能转换的场地。其中：Ⅰ型可布置2片篮球场、10片羽毛球场、12片乒乓球场、8组12个展柜、1个小型报告厅；Ⅱ型可布置1组体操场地、3片篮球场、12片羽毛球场、14片乒乓球场、4组16个展柜及4组14个展柜、1个中型报告厅；Ⅲ型可布置1组体操场地、4片篮球场地、20片羽毛球场、25片乒乓球场、8组20个展柜及2组10个展柜、大型报告厅。

2 观众看台用地面积：观众席可按0.5 m²/座计，贵宾席占比约为1%，可按1 m²/座计。

3 训练场地用地面积：可按总用地面积10%测算。

4 其他用地：观众集散用地、联系道路用地、绿化用地、附属设施用地，可按总用地的45%~50%计。道路应满足通行消防车的要求，宽度不小于4 m，高度不小于4 m。集散场地可利用道路、空地、平台，不少于0.2 m²/人。停车指标及绿化应满足有关部门规定。

鼓励将停车、部分运动场地(泳池、小型运动场地)、附属设施设置于地下，配套用房可设置在观众看台下部空间，跑道、部分运动场地(小型运动场地)及部分绿化可设置于屋顶，通过提高建筑高度、优化竖向设计等措施节约集约用地。其中，设置观众座席的体育场、体育馆、游泳馆不宜与其他运动场地空间竖向叠加。

7 医疗卫生设施用地

7.1 一般规定

7.1.1 本章对常见医疗卫生设施提出了建设用地标准。其中,综合医院包含所有级别综合医院。相比原用地标准,删减了疗养院、职业病防治所和卫生监督所三类设施的用地标准,将心血管病医院、血液病医院、皮肤病医院、整形外科医院、美容医院和康复医院等合并为其他专科医院。

7.1.2 医疗卫生项目的建设规模,应综合考虑所在地区经济发展水平、医疗卫生资源现状、需求及增长趋势等因素综合确定。医院设施与机构床位数(床椅数)直接相关,故本标准按设置床位数(床椅数)来确定各类医院的规模等级。对于急救中心等卫生防疫设施,按照设施类别确定用地面积。

7.1.3 医院具有门急诊量大、陪同人员多、工作量大等特点,其建设应坚持以人为本的建设理念,按照科学性、合理性和适用性相结合的原则,做到功能完善、布局合理、流程科学,满足患者医疗、保健、康复等方面的实际需求,因此综合医院、专科医院应独立用地。对于建设体量较小的口腔防治所、急救中心,宜结合现状社区医疗服务设施设置,或设置于综合医院内。现状中医医院以独立用地为主,中西医结合医院可独立用地,也可综合设置。

7.2 综合医院

7.2.1 本条规定了综合医院的建设用地构成。综合医院承担的医疗、教学、科研和预防四大任务,按照科学管理和实际工作的需要,房屋建筑由急诊部、门诊部、住院部、医技科室、保障系统、业务管理用房和院内生活用房等7部分组成。对于科研和教学设施,应根据承担科研和教学任务的具体情况综合确定。

7.2.2 本条规定了综合医院的用地指标由两部分构成。

7.2.3 本条建设规模、建设内容充分衔接了《综合医院建设标准》建标110的相关要求。综合医院应满足基本指标的建设要求。床均用地指标方面,结合本市现状综合医院用地及案例分析情况,与原用地标准相比,主要对两方面内容予以了调整:一是分类分级衔接了最新要求;二是床均用地指标,中心城床均用地指标调低了约18 m^2/床,主城片区保持不变,考虑郊区医疗资源较薄弱的现状情况,郊区床均用地指标与《综合医院建设标准》建标110进行了衔接,提高了约18 m^2/床。

鼓励医院紧凑高效用地,通过分析样本资料,结合本市土地高质量管理要求,在满足综合医院7项功能配置需求前提下,提出了中心城、主城片区和郊区综合医院容积率下限管控值。

7.2.4 对于科研和教学设施,应根据承担科研和教学任务的具体情况确定,按照专职科研人员、学生人数增加用地面积。对于用地资源特别紧张的主城区医院,因项目用地呈不规则形状或台阶形地貌,经充分论证后,可结合实际情况增加面积,增加幅度不宜超过本标准第7.2.3条用地面积的5%。

7.3 专科医院

7.3.1 专科医院的项目用地构成与综合医院基本一致,房屋建筑由急诊部、门诊部、住院部、医技科室、保障系统、业务管理用房和院内生活用房等7部分组成,但设施用房的配置比例与综合医院略有不同。

7.3.2 本条规定了本标准适用的专科医院类型。

7.3.3、7.3.4 条文规定了专科医院的规模等级，并分区域设置了统一的床均用地指标。其他专科医院未分级。

通过对现状医院样本资料进行用地面积统计分析，原用地标准中专科医院床均用地指标较高。因此，本次对除儿童医院外的其他专科医院床均用地指标调低了 5 m²/床椅。详见表 5。

表 5 专科医院用地指标变化比对

原用地标准					本标准				
医院类别	级别	规模（床椅）	床均用地指标(m²/床椅)		医院类别	级别	规模（床椅）	床均用地指标(m²/床椅)	
			中心城区	中心城外				主城区	郊区
口腔医院	二级	牙椅:20～59	90	100	口腔医院	二级	牙椅:20～59	85	95
		床位:15～49	135	150			床位:15～49	105	115
	三级	牙椅:≥60	79	88		三级	牙椅:≥60	75	84
		床位:≥50	119	132			床位:≥50	113	125
肿瘤医院	二级	100～399	94	104	肿瘤医院	二级	100～399	86	96
	三级	≥400	91	102		三级	≥400	89	99
儿童医院	一级	20～49	94	104	儿童医院	一级	20～49	88	104
	二级	50～199	86	95		二级	50～199	78	95
	三级	≥200	80	88		三级	≥200	80	88
精神病医院	一级	20～69	115	128	精神病医院	一级	20～69	103	116
	二级	70～299	117	130		二级	70～299	105	118
	三级	≥300	119	132		三级	≥300	107	120
传染病医院	二级	150～349	106	118	传染病医院	二级	150～349	95	107
	三级	≥350	116	129		三级	≥350	104	117

续表5

原用地标准					本标准			
医院类别	级别	规模（床椅）	床均用地指标(m²/床椅)		医院类别	级别	规模（床椅）	床均用地指标(m²/床椅)	
			中心城区	中心城外				主城区	郊区
康复医院（其他专科医院）	—	—	93	104	其他专科医院	—	—	87	97

结合收集到的样本资料,提出了专科医院分区域管控的容积率下限控制值。

7.3.5 对于用地资源特别紧张的主城区医院,因项目用地呈不规则形状或台阶形地貌,可结合实际情况酌情增加面积,增加幅度不宜超过本标准第7.3.4条用地面积的5%。

7.4 卫生防疫设施

7.4.1、7.4.2 本标准结合样本资料分析,将常见卫生防疫设施确定为口腔防治所和急救中心两种类型。

7.4.3 经样本资料验证,原用地标准中口腔防治所分级用地指标仍适用,因此本标准继续沿用。口腔防治所作为口腔医院的有效补充,能充分满足民众分级诊疗的需求,但单独设置的口腔防治所用地面积较小,为促进土地节约集约利用,鼓励综合设置。位于中心城的,建议与综合医院、专科医院、社区卫生服务中心等医疗机构综合建设,也可与其他公共服务设施综合设置。

7.4.4 经样本资料验证,原用地标准中急救中心用地指标表仍适用,本标准继续沿用。为促进节约集约利用土地,鼓励急救中心依托各级综合医院综合设置。

7.5 其他医疗卫生设施

7.5.1 本标准结合样本资料梳理分析,将其他医疗卫生设施确定为中医医院及中西医结合医院两种类型。

7.5.2～7.5.4 中医医院及中西医结合医院建设规模、建设内容、房屋建筑与《中医医院建设标准》建标 106 进行了衔接。

中医医院及中西医结合医院用地面积可按基本指标进行测算。鼓励医院尽可能充分利用地上、地下空间设置公共停车场及相关设备用房,节约集约利用土地。与原用地标准相比,床均规模方面,结合本市中医医院及中西医结合医院用地样本资料分析,主要对两方面内容作了调整:一是充分衔接最新要求,重新进行类别级别划分;二是中医医院郊区床均用地指标与《中医医院建设标准》建标 106 进行了衔接,调整了床均用地指标。主城区床均用地指标调低 8 m^2/床,郊区提高 7 m^2/床。中西医结合医院郊区床均用地指标提高 3 m^2/床。

为切实提高中医医院及中西医结合医院的土地利用率,结合样本资料分析及本市土地高质量管理要求,在满足中医医院 7 项功能配置需求的前提下,本标准提出了分区域中医医院及中西医结合医院容积率下限管控值。

7.5.5 本条规定了特殊情况下其他医疗卫生设施的调整指标要求。设有研究所的中医医院及中西医结合医院,应根据承担科研和教学任务的具体情况。本条规定了增加的科研人员和相应学生人均建筑面积,用来测算增加的用地面积。对于用地资源特别紧张的主城区医院,因项目用地呈不规则形状或台阶形地貌,可结合实际情况酌情增加面积,增加幅度不宜超过本标准第 7.5.4 条用地面积的 5%。

8 高等教育设施用地

8.1 一般规定

8.1.1 本章节中主要对普通高等学校提出了建设用地标准。设施类型与原用地标准一致。

8.1.2 本条规定了普通高等学校的建设应符合上级主管部门政策文件规定。办学规模根据国家或本市普通高等学校现状和未来发展趋势，在综合考虑教育质量、办学效益和教育教学活动的组织、师生生活的安排等因素下综合设定。

8.1.3 本条规定普通高等学校应在原有土地上开展改建工程项目。确实需要扩建新校区的，宜按照在校生规模测算校区总用地面积，扣除现状校区面积后确定扩建规模。

8.1.4 本条规定了普通高等学校的土地利用方式。普通高等学校校区规模大，其中的图书馆、室内运动场馆和室外体育运动场地，以及集中绿化应向社会开放共享，并鼓励充分利用学校内部地下空间设置国家民防工程、停车场及其可地下建设的其他相关设施，进一步提高土地利用率。

8.2 普通高等学校

8.2.1 本条根据原用地标准、《普通高等学校建筑面积指标》建标 191 的分类，结合本市实际情况进行了优化调整，确定了 10 类高校分类，细化明确了各类高校的学科结构比例。

8.2.2 本条规定了普通高等学校用地建设内容，其中校舍建设用地面积衔接了《普通高等学校建筑面积指标》建标 191 的相关内容,结合样本资料综合确定。对原用地标准中室外体育设施、地面停车场、专用绿化的表述根据实际情况进行了微调,统一表述为室外体育设施建设用地、道路交通用地和绿化用地等。

8.2.3 本条明确了普通高等学校用地面积确定原则,明确了基本指标和调整指标两种情况,基本指标满足基本建设要求,调整指标适应于特殊情况下的用地要求。

8.2.4 通过对原用地标准生均规模适用性进行评估分析,发现本市普通高校校区内绿化用地、停车场用地面积或者占比较高,本标准对高校校区用地结构进行了调整。同时考虑本市高校已建设大型室内体育场馆,且新建停车场以地下停车库为主,综合比对后生均规模调低了 $2\ m^2$/生~$4\ m^2$/生。同时,为了保障学生对于运动设施的需求,单列了生均体育用地指标。

同时对 54 所高校 102 个校区样本资料进行统计分析,现状普通高校综合容积率为 0.68。按照本市高校发展规划,结合郊区高校近期建设情况,在土地利用强度方面提出了分区域差异化的下限控制值,确定普通高等学校容积率主城区不宜小于 1.0,郊区不宜小于 0.9。

8.2.5 根据国家要求明确确需在高校校区内设置的各类重点科研用房,宜在高校校区范围内统筹协调建设,不再独立用地。确需独立用地的,应按照党政机关办公用房的相关标准和现行行业标准《科研建筑设计标准》JGJ 191 控制用地面积。

9 社会福利设施用地

9.1 一般规定

9.1.1、9.1.2 本市以居家为基础、社区为依托、机构为支撑的"9073"养老服务格局进一步完善。近年来,随着本市人口老龄化进程的加快,应充分发挥政府托底保障和市场优化资源配置的作用,对于基本公共服务的养老设施进行底线管控,满足多层次的养老需求。在土地资源紧约束条件下,应坚持"严控地、宽控房"的原则,既保障一定的设施规模和服务水平,也确保土地节约集约利用。为此,本章提出了机构养老中,服务能级为区级的机构养老照料设施的建设用地标准。相比原用地标准,剔除了非机构养老设施的标准。

9.1.3 本条提出了机构养老照料设施土地利用方式要求。考虑机构养老照料设施老年人的日常检查、护理、就医、买药等生活需求,机构养老照料设施宜结合医院综合设置。机构养老照料设施需独立用地的,应结合床位数按标准设置配套医疗、康复、药房等功能用房。

9.2 机构养老照料设施

9.2.1 通过对现状机构养老照料设施情况进行统计分析,确定了机构养老照料设施用地基本构成,包括房屋建筑、绿化、室外活动和场内道路等,房屋建筑包括老年人用房、行政办公用房和附属用房。

9.2.2、9.2.3 本市现状老龄人口占比较高,老龄化趋势明显,为切实保障养老设施用地,需设置符合本市特点的控制指标。通过对样本资料梳理分析,机构养老照料设施用地指标与区域差异较大,本标准结合相关研究,分区域设置了控制值,并提出了容积率下限控制值。

同时,为了满足老年人生活照料、保健康复、精神慰藉等多方面物质生活和精神生活需求,有必要配置日常情感交流和社会交往的公共空间及医疗、康复、药房等功能用房,本标准适当提高了床均用地指标。

实际使用过程中,还应与最新的管理要求衔接。通过对现状机构养老照料设施进行分析,结合国家对养老设施总体发展方向,机构养老照料设施规模不宜过大,应适度控制发展规模,原则上独立用地的构养老照料设施用地面积控制在 3 hm^2 以内。配建养老服务设施的,兼容医疗卫生设施的,用地面积控制在 5 hm^2 以内。

10 公路用地

10.1 一般规定

10.1.1 公路分级包括行政等级和技术等级。行政等级属于行业管理范畴，涉及公路事权管理以及各级政府财政支出等具体事务。技术等级分类为道路设计服务，需要在设计阶段根据地质、地貌、资金等综合确定。本标准采用《上海市城市总体规划（2017—2035年）》中对公路的分类，即高速公路、主要公路、次要公路和一般公路，称其为规划等级。本标准将公路行政等级和技术等级建立了对照关系：主要公路的技术等级宜为一级公路和二级公路；次要公路的技术等级宜为二级公路和三级公路；一般公路的技术等级宜为三级公路和四级公路。本标准根据本市实际情况确定了设施类型，相比原用地标准，删减了主线收费广场及过渡段用地指标。

10.1.2 公路城镇段在现行行业标准《城镇化地区公路工程技术标准》JTG 2112中表述为城镇化地区公路。为满足道路功能要求，精准控制土地利用，指导后续具体项目建设，本条提出公路城镇段与城市道路的对应关系。穿越城市开发边界的公路在用地宽度、道路横断面布置及相关指标标准选用上，宜按与之对应的城市道路要求确定用地面积。

10.1.3 高速公路、主要公路主要服务对外交通和主城区、新城、重要交通枢纽之间的交通，主要公路城镇段宜衔接城市主干路。次要公路主要服务新城、新市镇之间交通，宜衔接城市主干路或城市次干路。一般公路主要服务镇、村之间的交通，宜对应城市次干路或城市支路。

10.1.4 本条梳理了本市公路附属设施常见的设施类型与设置要求。

10.1.5 本条提出了公路用地中各类设施的土地利用方式。按精细化管理要求,高速公路线路和相关设施实施范围应控制在道路红线范围内,同时用地也实现分层立体化的规划管控,新增高速公路收费站的管理用房宜采用独立用地,改扩建工程宜结合实际情况进行调整,并充分利用桥底、立交围合区等空间建设。

10.2 公路用地与公路互通式立体交叉

10.2.1 公路用地宽度应在道路红线宽度范围内。公路用地宽度主要考虑交通量、市政管线、边沟以及路内绿化等因素综合确定,若因交叉口展宽和公交站点设置等需要局部拓宽用地的,应结合具体方案专题论证确定。原用地标准中高速公路红线宽度为 50 m～70 m,一级公路红线宽度为 45 m～55 m,二级公路红线宽度为 40 m～55 m,三级公路红线宽度为 30 m～40 m,四级公路红线宽度为 20 m～30 m。本标准充分考虑公路节约集约利用,对不同等级公路的机动车车道数、用地宽度作了适当调整。本标准不包括不按道路红线管控、不占用建设用地指标的农村道路。

10.2.2、10.2.3 原用地标准对主线公路中不同形式的立体交叉的建设用地指标规定了高值、中值和低值。经样本资料统计分析,原用地标准控制值中值比较符合本市现状情况。为了提高标准的可操作性,本标准以原控制中值为基础,提出了本标准的用地面积控制要求。其中,项目设计方案中的立交工程,用地面积应扣除匝道内较大面积用地,如单喇叭立交苜蓿叶圈内的面积。特殊节点立交形式(如双喇叭立交等),可按照基本形式立交用地,经专项论证后确定。对于受地形影响或五肢及五肢以上多肢交叉的枢纽型立交,经专项论证合理增加用地面积。

10.3 公路附属设施

10.3.1 根据现行行业标准《公路工程技术标准》JTG B01 相关规定，高速公路服务区应设置停车场、公共厕所、加油站、车辆维修站等设施；普通公路服务区宜设置停车场、加油站、公共厕所、室外休息点等设施，有条件时可设置餐饮、商品零售点、车辆加水等设施。根据本市高速公路服务区调查，现状高速公路服务区单侧用地面积不宜超过 1.5 hm^2。结合现状调查、样本资料分析和既有规范梳理，原用地标准用地指标仍适用，可继续沿用。当用地面积超过本标准规定时，应根据实际需要专题论证确定。

10.3.2 结合样本资料分析和本市实际情况，衔接了上海市工程建设规范《道路与交通设施规划标准》DG/TJ 08—2393 的相关规定，本标准将本市普通公路服务区用地面积确定为 1 000 m^2～4 000 m^2。充分考虑公路服务区的类型和用地需求，相较于原用地标准，本标准增加了普通公路服务区建设用地指标。

10.3.3 本条规定与原用地标准一致。高速公路省界收费站取消后，高速公路收费站管理设施和收费站广场的用地面积，可按《公路工程项目建设用地指标》建标〔2011〕124 号规定执行或通过专项论证综合确定。

10.3.4 市境道口综合检查站通常位于本市市界附近，选址位于城市开发边界外，是服务车辆进出本市的公共基础设施。本标准衔接了上海市工程建设规范《道路与交通设施规划标准》DG/TJ 08—2393 的相关规定，通过梳理样本资料的公路道口附属设施用地面积，结合近年来本市与江苏省、浙江省"两省一市"对接道路专项工作相关情况，提出了主要公路、次要公路和一般公路三类道口综合检查站的用地面积。

10.3.5 养护工区用地面积可按照《公路工程项目建设用地指标》建标〔2011〕124 号的相关规定综合确定，结合现状道班房调研情况，提出道班房用地面积上限值。

11 城市道路用地

11.1 一般规定

11.1.1 本条根据本市实际道路设施情况,划分了常见类道路中的设施类型,并提出了设施的建设用地标准。相比原用地标准,删减了平面交叉口、城市广场的设施用地标准。

11.1.2 本条对城市立体交叉、道路附属设施提出了土地利用方式要求。

11.1.3 桥隧设施按规定需设置管理中心,按节约集约建设原则,新建的管理中心宜与其他设施综合设置。跨长江、杭州湾通道以及其他较长较大地道内的管理中心、高(快)速路网管理中心,应专题研究确定用地面积。

11.2 城市道路用地与城市道路立体交叉

11.2.1 快速路用地宽度需满足辅路设置要求,提倡以立体交通形式促进节约集约利用土地。主干路和次干路用地宽度需满足不同车道规模设置要求,因交叉口展宽和公交站点设置等需要局部拓宽的,应结合具体方案研究确定。原用地标准中快速路红线宽度为 40 m～80 m,主干路红线宽度为 45 m～60 m,次干路红线宽度为 30 m～50 m,支路红线宽度为 15 m～30 m。本标准充分考虑城市道路用地节约集约利用原则,对不同等级城市道路用地宽度进行了缩减,并衔接了现行上海市工程建设规范《道路与交通设施规划标准》DG/TJ 08—2393 的相关规定。

11.2.2 枢纽立体交叉是指高速、快速系统道路之间通过匝道直接连接的互通式立体交叉。城市快速路与城市快速路交叉、城市快速路与连续流主干路交叉，均应作为枢纽立体交叉设计。本条衔接了现行上海市工程建设规范《城市道路立体交叉规划与设计标准》DG/TJ 08—2283 的相关规定。

立体交叉主要是高等级道路与低等级或次级道路之间通过匝道直接连接的互通式立体交叉，如城市快速路与城市主干路及其以下等级城市道路交叉。立体交叉形式上可全互通，也可部分互通。

分离式立体交叉是上下层道路（或铁路）之间互不连通的立体交叉形式。分离式立体交叉主要适用于快速路与次干路或支路的交叉，或主要道路与铁路的交叉；当快速路受出入口设置条件限制时，也可以与主干路采用分离式立体交叉。

11.2.3 本条根据本市土地高质量利用要求，提出新建立交在满足环境保护要求的前提下，应采用紧凑集约的立交选型和线形组合，尽量减少土地占用和对土地的分隔影响。

11.2.4 通过对原用地标准适应性进行评估，发现立体立交的用地标准管控值偏大。本标准根据样本资料，衔接了现行上海市工程建设规范《城市道路立体交叉规划与设计标准》DG/TJ 08—2283 的相关规定，对立体立交控制指标进行了优化。根据道路交叉等级，结合选择的立交形式，综合得到了 9 种用地情况的控制值。

12 轨道交通工程用地

12.1 一般规定

12.1.2 根据轨道交通发展新形势与新要求,按照《上海市城市总体规划(2017—2035年)》相关规定,将本市轨道交通分为市域线、市区线和局域线三个层次。原用地标准中轨道交通适用于线路设计时速不低于 60 km/h、旅行速度不低于 30 km/h 的地铁。本标准结合三个层次轨道交通设计速度和建设需求,明确了三个层次轨道交通对应的用地标准。

市域线主要服务于本市郊区、新城、新市镇或本市周边城市、城镇与中心城的联系,是具有通勤客运服务功能的中、长距离的大运量轨道交通系统。市域线包括了市域铁路和市域快轨。市域线线路长度宜大于 45 km,设计时速应不低于 100 km/h,平均站间距不宜小于 3 km,在主城区和新城范围内可适当缩小站间距。根据总体规划对于市域线(城际线)的功能要求,市域线设计速度为 100 km/h～250 km/h,以 120 km/h、160 km/h 和 200 km/h 三种速度作为常用速度设计参数。

市区线服务城区主要和次要客流走廊,满足大中运量、高频率和高可靠性的公交需求。市区线线路长度宜设置为 25 km 至 45 km,线路远期高峰小时客流强度应达到 2.0 万人次/(h·m),线路设计时速应不低于 60 km/h,旅行速度应不低于 30 km/h,平均站间距宜设置为 0.6 km～1.5 km。

局域线在主城区内作为市域线和市区线的补充,在新城、新市镇作为地区骨干公交系统,提升地区公交服务水平。局域线线路长度宜设置为 10 km～25 km。线路设计时速宜达到 50 km/h～80 km/h，平均站间距宜设置为 0.4 km～1.5 km。

12.1.4 轨道交通是缓解特大型城市交通矛盾、实现交通可持续发展的重要途径，也是本市公共交通网络的核心组成部分，在确保轨道交通功能需求和运营安全的前提下，本市积极探索轨道交通场站的立体开发模式，加强功能复合，体现"功能混合、立体复合、生态宜居"的规划理念，进一步提高土地节约集约利用水平。

为此，车辆基地在条件合适的情况下，应优先考虑使用既有设施资源，进行车辆基地内部建筑立体化设计以促进土地节约集约利用。停车、检修设施可以考虑采用双层形式，以减少用地面积；办公、配套设施应集中布置。

车站用地宜位于道路红线范围内，采取地上、地下空间综合设置，按照标准化、模块化、集约化设计控制。主变电所在主城区范围内宜采用全户内或半户内式多层建筑形式与其他设施综合设置，或纳入车站、车辆基地用地范围中统筹考虑。鼓励在主城区、五个新城内建设地下主变电所。单条轨道交通不再以独立用地的方式建设控制中心，宜纳入车辆基地或轨道交通总控制网中统一管理。

12.2 线路和车站

12.2.1 根据目前本市地铁和市域铁路的车辆选型，较原用地标准增加了疏散平台的用地宽度，结合调研成果适当提高了地下段和高架段区间宽度。考虑目前地铁地面段主要位于出入线区域，可与车辆基地共享用地，故减小了地面段的区间宽度。通过样本资料统计分析，本市地铁盾构段单圆单线隧道常见外径为 6.6 m 或 6.9 m，单圆双线隧道常见外径为 11.4 m 或 13.0 m；市域铁路盾构段单圆单线隧道常见外径为 9.0 m，单圆双线隧道常见外径为13.6 m。

地下线路风井外接通道宽度主要考虑中间风井地下部分至地面设施连通道所需用地空间。通过对运行线路样本资料进行统计汇总和验证,风井主体、外接通道、疏散楼梯、风井四项合计用地总面积在1 000 m² 以上,风井主体、外接通道、疏散楼梯、风井单项用地指标基本符合要求。

考虑轨道交通线路长,且对周边环境影响较大,涉及不确定因素多,需适当预留线路整体调整的空间。因此,在规划土地意见书阶段,在测算具体用地面积时,可按照结构边线外扩1 m~2 m予以测算,半径小于等于800 m曲线段等特殊区间可按照结构边线外扩5 m予以测算。

12.2.2 本条通过对运营车站和规划车站样本资料进行统计分析,对车站规模按照地铁和市域铁路分别进行了规定。

1 本市地铁主要选用6节A型车(6节编组列车长约140 m),市域铁路主要选用8节CRH6(8节编组列车长度约220 m),其他制式和编组按照列车长度折减后确定。

2 地下车站的占地面积是指地下建(构)筑物的平面投影面积,未包括换乘通道的用地。

3 本标准根据敷设方式将车站分为地下车站和高架车站两种类型。地下车站划分为无配线车站和配线车站,高架车站划分为标准车站和非标准车站。车站用地充分考虑了出入口、消防通道出入口、独立残疾人电梯、风井、冷却塔等设计规范建设的基本要求,根据车站规划建设的实际尺寸予以测算得到。具体用地面积测算基本参数见表6~表8。

表6 地下车站主体用地面积测算基本参数

车站类型			地下车站		
			车站主体		
			基本计算尺寸(m)	用地构成	用地面积(m^2)	备注

车站类型		基本计算尺寸(m)	用地构成	用地面积(m^2)	备注
地铁	无配线站（12 m岛式车站或8 m+8 m侧式车站）	230×26	—	6 000	无配线站按照同时满足岛式和侧式两种情况综合确定
	配线车站	车站长度：335～575；车站宽度：24～26	设单渡线、交叉渡线	3 800 m^2（车站常规部分）+4 200 m^2（配线部分）	车站配线包括单渡线、交叉渡线、折返线和存车线，车站用地面积由无配线端、站台和配线端组成。一般设联络线和出入线的车站用地面积不超过以上情况，若确需增加，经专项论证后可根据设计方案增加用地面积。其他特殊车站（如设越行线等不在此表范围内的车站），经专项论证后可根据设计方案增加用地面积
			设折返线	3 800 m^2（车站常规部分）+8 200 m^2（配线部分）	
			设存车线	4 000 m^2（车站常规部分）+11 000 m^2（配线部分）	8 000～15 000

续表6

车站类型			地下车站			
			车站主体			
			基本计算尺寸(m)	用地构成	用地面积(m^2)	备注
市域铁路	无配线站（12 m 岛式车站或 8 m＋8 m 侧式车站）	—	300×26	—	7 500	无配线站按照同时满足岛式和侧式两种情况综合确定
	配线车站	设单渡线、交叉渡线	车站长度：500～820；车站宽度：26～28	6 000 m^2（车站常规部分）＋7 500 m^2（配线部分）	13 500～20 000	车站配线包括单渡线、交叉渡线、折返线和存车线，车站用地面积由无配线端、站台和配线端组成。一般设联络线和出入线的车站用地面积不超过以上情况，若确需突破，经专项论证后可根据设计方案增加用地面积。其他特殊车站（如设越行线等不在此表范围内的车站），经专项论证后可根据设计方案增加用地面积
		设折返线		6 000 m^2（车站常规部分）＋12 000 m^2（配线部分）		
		设存车线		6 500 m^2（车站常规部分）＋13 500 m^2（配线部分）		

表7 地下车站附属设施用地面积测算基本参数

车站类型			地下车站附属设施		备注
			基本建设内容	用地面积（m²）	
地铁	无配线站（12 m 岛式车站或8 m＋8 m 侧式车站）	—	包括4个出入口、1个消防通道出入口、2部无障碍电梯、8座风井、1组冷却塔	4 500	地下车站附属按4个出入口计算，若出入口不足4个或超过4个，按比例减少或增加用地面积（每个出入口可按双扶一楼考虑，出地面用地面积约350 m²）
	配线车站	设单渡线、交叉渡线	包括4个出入口、1个消防通道出入口、2部无障碍电梯、8座风井、1组冷却塔	4 500	
		设折返线			
		设存车线			
市域铁路	无配线站（12 m 岛式车站或8 m＋8 m 侧式车站）	—	包括4个出入口、1个消防通道出入口、2部无障碍电梯、8座风井、1组冷却塔	4 500	
	配线车站	设单渡线、交叉渡线	包括4个出入口、1个消防通道出入口、2部无障碍电梯、8座风井、1组冷却塔	4 500	
		设折返线			
		设存车线			

表 8 高架车站及其附属设施用地面积测算基本参数

车站类型		高架车站			
		基本计算尺寸(m)	用地面积(m^2)	用地构成	用地说明
地铁	标准站（12 m 单岛车站或 8 m+8 m 侧式站台）	150×26	4 000	主体+附属（包括2个出入口通道、4组上下行自动扶梯、2部楼梯、2部无障碍电梯）	路中车站主体及出入口通道布置在城市道路红线内，不计入独立用地，附属宜布置在城市道路红线外两侧毗邻地块内，按设计方案确定用地面积。若路中车站的辅助用房设于毗邻地块内，按设计方案确定用地面积
	非标准站	150×41	6 500		
市域铁路	标准站（12 m 单岛车站或 8 m+8 m 侧式站台）	230×28	6 500		
	非标准站	230×43	10 000		

考虑轨道交通车站需与周边地块衔接，在规划土地意见书阶段，需适当预留车站主体调整的空间，在测算用地面积时，可按照车站结构边线长×宽整体外扩 1 m～2 m 予以测算。

12.2.3 表 12.2.3 中所列用地面积指出入口地面以上构筑物占地面积，不包括地下部分。出入口、风井、冷却塔等出地面构筑物的用地面积已满足如下要求：

1 出入口永久结构外边线外扩 1.5 m，平台前方外扩 5 m，尾部外扩 3 m，接至道路红线；消防出入口永久结构外边线外扩 1.5 m，平台前方外扩 3 m。

2 无障碍电梯永久结构外边线外扩 3 m，坡道外边扩 1 m。

3 高风亭永久结构外边线外扩 1.5 m；低风亭永久结构外边线外扩 3.5 m。

4 冷却塔、VRV 室外机、电阻柜室等地面附属设施，按设备基础边线外扩 3.5 m。

车站出入口的数量,应根据分向客流和疏散要求设置,地下车站不宜少于 4 个出入口,且每个公共区直通地面的出入口数量不得小于 2 个。共用站厅公共区的换乘车站,站厅公共区的出入口每条线至少有 2 个。每个出入口宽度应按远期分向设计客流量乘以 1.1~1.25 的不均匀系数综合计算确定。普通出入口通道宽度不应小于 4.5 m,含过街功能的出入口通道宽度不应小于 6.5 m;对于兼具人行过街、商业客流集散的通道,宽度不宜小于 8.5 m。

12.3 车辆基地及其他附属设施

12.3.1 通过对原用地标准的适应性进行评估,每条线路车辆基地不宜全部按照统一值来确定用地面积,由总面积指标调整为车均指标。通过对现状车辆基地规模进行统计分析,目前本市轨道交通网络车辆基地可分为检修资源共享及场地同址共享。检修资源共享方面除了 17 号线以及 1 号线单独设大架修段外,其余按场地同址共享设置,车辆基地用地面积按照配属车辆车均指标确定更为科学合理。为此,本标准在对现状车辆基地用地情况进行分析评估的基础上,学习借鉴了国内外轨道交通的先进经验,综合考虑设计规模、地块形状、占用水系、占用既有道路、周边道路改造、绿化要求、特殊设施(例如回转线、三角线、八字出入线、试车线等)、综合开发等因素,确定了车均规模控制值。针对主体功能将车辆基地进行了细分,并结合不同情况设置了相应的调整系数。

车均面积采用本市轨道交通建设常用车型,以地铁 A 型车一节车辆,市域铁 8CRH6 一节车辆,有轨电车 4 模块~5 模块约 35 m 长车辆为计算单位。其中,市区线和市域线部分引用了现行上海市工程建设规范《轨道交通规划设计标准》DG/TJ 08—

2325的相关规定，并结合本市18条地铁线路、5条市域铁路、42座车辆基地数据确定用地指标。局域线有轨电车部分结合有轨电车车辆参数和设计要求，在统计全国12条有轨电车线路的基础上，确定了车均用地面积。

当车辆基地受用地条件限制或地块内有上盖开发的情况，难以满足消防、环保等相关规定时，经专项论证确需突破的，可按本标准第12.3.1条增加5%的用地面积。

12.3.2 轨道交通的供电方式主要以110 kV主变电所为主，通过对样本资料进行分析，主变电所以地面建设为主，用地方式多样，可与车站、车辆基地综合设置，也可独立用地，也存在2条及2条以上线路共享适用的情况。

通过对收集到的样本资料进行统计分析，地面主变电所用地面积主要集中在2 000 m²～2 500 m²，原用地标准控制值基本适用，总体保持不变。为促进土地节约集约利用，本标准分析了相同电压等级市政变电站的建设差异，对控制指标作了微调，根据地铁、市域铁路两种类型制订了差异化控制值。

较原用地标准，新增规定了有轨电车单座主变电所的用地指标，将市域铁路和地铁主变电所细分为单线、双线、三线及以上三种类型。同时考虑三线及以上主变共用、变压器容量大、发热量大，需要良好的通风条件的实际情况，适当增加了用地面积。双线及以下主变电所的面积基本满足需求，考虑电气设备的智能化及小型化发展趋势，用地面积进行了微调。

12.3.3 轨道交通大型控制中心已建成并投入使用，单条线路的控制中心不宜独立用地，可结合已建成控制中心综合设置或结合车辆基地综合设置。本条根据案例梳理情况，提出了建筑面积的控制值。

13 公共停车场用地

13.1 一般规定

13.1.1 本条明确了本标准适用的对象。公共停车场是依据城市停车规划确定的,为社会车辆提供停车服务的场所,包括建筑物配建停车场。本市常见的公共停车场主要为机动车停车场(库)、非机动车停车场(库)等类型。

13.1.2 本条规定了建设公共停车场的基本要求。

13.1.3 公共停车场鼓励采用地下停车库、地上停车楼或机械式停车库。公共停车场建筑类型选取应遵循集约用地、因地制宜的原则。鼓励结合城市公园、绿地、广场、体育场馆及地下人防设施修建地下停车库;在停车需求较大的区域宜选择地上停车楼或组合式停车场等多种建筑类型;在用地狭小、停车需求较大的区域宜建设机械式停车库。

13.1.4 非机动车停车场的用地(建筑)面积衔接了现行上海市工程建设规范《建筑工程交通设计及停车库(场)设置标准》DG/TJ 08—7 的相关规定,可按不同停车方式(不同角度、单双侧)选取相应单位停车面积。

13.2 机动车停车场(库)

13.2.1 公共停车场建设规模应在综合交通规划和停车专项规划的基础上,对周边用地现状和规划、停车需求预测、路网承载能力进行分析后综合确定。

13.2.2 本条衔接了现行行业标准《车库建筑设计规范》JGJ 100、

按照规划建设的公共停车场中停车位的数量进行划分,停车位数量计算时采用标准车位,以小型汽车为计算当量,换算系数如表9所示。

表9 机动车尺寸分类

车辆类型		各类车型外廓尺寸(m)			车辆换算系数
		总长	总宽	总高	
机动车	微型汽车	3.20	1.60	1.80	0.70
	小型汽车	5.00	2.00	2.20	1.00
	中型汽车	8.70	2.50	4.00	2.00
	大型汽车	12.00	2.50	4.00	2.50
	铰接车	18.00	2.50	4.00	3.50

注:1 三轮摩托车可按微型汽车尺寸计算。
　　2 两轮摩托车可按自行车尺寸计算。
　　3 车辆换算系数是按面积换算。

13.2.3、13.2.4 本标准在原用地标准平面停车场用地指标基础上,删减了摩托车的设施用地指标,增设了停车楼和地下停车库、机械式停车库的设施用地指标,并提出了管理用房、停车辅助设施等配套设施用地指标要求。机动车公共停车场(库)的用地面积应按当量小汽车的停车位数计算。可按照《城市公共停车场项目建设标准》建标128中相关规定确定。地面停车场的用地面积,每个停车位宜控制在25 m^2~30 m^2;主城区、郊区均宜采用每个停车位25 m^2 控制用地;部分项目用地呈不规则形状,使得平面布置在满足项目功能需求后难以满足消防要求时,可使用每个停车位30 m^2 控制用地。停车楼和地下停车库的建筑面积,每个停车位宜为30 m^2~40 m^2。机械式停车库的建筑面积,每个停车位宜为15 m^2~25 m^2。为进一步鼓励优化集约建设,调低了停车楼和地下停车库数值,采用标准与现行上海市工程建设规范《道路与交通设施规划标准》DG/TJ 08—2393的相关规定一致。

停车位用地面积指地面停车场每辆车所需占用的空间。停车位用地面积包括基本停车设施面积、绿化面积以及管理、服务等配套设施面积。

地下停车库与地上停车楼停车位的建筑面积不仅包含每辆车所需停车位面积，还包括坡道、柱网等其他基本停车设施以及管理、服务等配套设施建筑面积。

机械式停车库，每个停车位的建筑面积不仅包含每辆车所需停车位面积，还包括车辆升降器、旋转盘等设备以及管理、服务等配套设施建筑面积。机械式停车库每层布局形式类似的情况下，平均用地面积可用建筑面积除以层数测算确定。

14 公交场站用地

14.1 一般规定

14.1.2 本条明确了首末站、枢纽站等常见公交场站设施类型。相比原用地标准,删减了公交修理厂、出租汽车营业站的设施用地标准,将公交停车场、公交保养场合并为公交停保场。

14.1.3、14.1.4 条文明确了公交停车场、公交停保场的主要功能,结合本市公交实际运营情况,纳入了新能源停车充电设施要求。

14.1.5 条文中的标准车指车身长 12 m、宽 2.5 m、高 3.5 m 的公共汽车和电车。其他型号的公共汽电车,按其车身长度,选用相应换算系数折算成标准车数后确定用地面积。各类型公共汽(电)车换算系数宜按表10取值。

表 10 各类型公共汽(电)车车辆换算系数

类别	车长范围	换算系数
1	5 m~7 m(含)	0.5
2	7 m~10 m(含)	0.8
3	10 m~13 m(含)	1.0
4	13 m~16 m(含)	1.3
5	16 m~18 m(含)	1.5
6	双层	1.5

14.2 公交停车场(库)、停保场

14.2.1 本条充分衔接了现行上海市工程建设规范《公交场站规

划用地及建设标准》DG/TJ 08—2057 的相关规定，建设设施包括停车设施、生产辅助设施、运营生活设施和安全环保等设施类型。

14.2.2 本条充分衔接了现行上海市工程建设规范《公交场站规划用地及建设标准》DG/TJ 08—2057 的相关规定。根据本市节约集约用地原则，对停车场、停保场建设形式作出引导，鼓励停车场立体化建设，停车场可向地上空间或向地下发展，提高土地利用效率。

14.2.3、14.2.4 通过对原用地标准适用性进行评估，原设施用地指标偏大，且本市公交停车场、停保场的土地利用方式已从平面向立体方向发展。本标准考虑当前公交企业实际运保作业情况，结合样本资料，在鼓励综合利用和立体设计条件下，采用更为紧凑集约的用地标准，按停保场功能和建设形式确定了标准车用地指标。

14.3 公交线路首末站、枢纽站

14.3.2 原用地标准对公交线路起讫站、枢纽站内具体项目的用地指标进行了规定。本标准通过研究不同区域的首末站、枢纽站采用不同停蓄车方式，对建设用地指标进行了调整。

14.3.3 本条充分衔接了现行上海市工程建设规范《公交场站规划用地及建设标准》DG/TJ 08—2057 的相关规定，对于无明确绿化要求的公交枢纽场站提出了用地面积控制值。

对于有绿化要求的公交线路首末站、枢纽站，位于主城区的，首末站、枢纽站 1 条公交线路首末站的用地面积为 800 m^2 ～1 100 m^2；2 条公交线路首末站的用地面积不宜大于 1 800 m^2；3 条及以上公交线路的公交枢纽站按每增加 1 条公交线路增加 700 m^2 用地面积控制。位于郊区的，首末站、枢纽站 1 条公交线路首末站的用地面积为 1 200 m^2 ～1 300 m^2；2 条公交线路首末站的用地面积不宜大于 2 200 m^2；3 条及以上公交线路的公交枢纽站每增加 1 条公交线路增加 900 m² 用地面积。

14.3.4 本条对于超过 3 条线路的公交首末站、公交枢纽站,提出了调整指标的控制值。

15 其他交通设施用地

15.1 一般规定

15.1.1，15.1.2 其他交通设施用地标准按交通能源(加注)站单项设施设置。机动车能源主要为油、气、氢、电四种类型。单项交通能源(加注)站可分为加油站、加气站、加氢站、充(换)电站四种类型。现状交通能源(加注)站以加油站、加气站为主，充电站主要结合停车场(库)建设，暂未有独立用地的需求，加氢站目前仍在试点建设阶段，本标准未纳入。因此，本章节设施类型与原用地标准保持一致，主要对单项交通能源(加注)站中的加油站提出了设施的建设用地标准。

15.2 交通能源(加注)站

15.2.1 本条提出了交通能源(加注)站用地面积应满足的基本要求。

15.2.2 原用地标准对公共加油站的用地面积作了规定，本市现状加油(气)站的用地面积控制在 1 000 m^2～2 500 m^2，近年来新建的站点在 2 000 m^2 左右。经综合评估分析，原用地标准仍适用。通过对样本资料进行分析，近年来无加气站用地需求，故本标准不纳入。目前车用氢能处于试点应用阶段，样本资料有限，用地面积专题还处于研究阶段，后续结合研究进展和交通能源(加注)站发展趋势适时补充标准。本市对于充电设施遵循"自用为主，公用为辅"的原则，公用充电站宜结合公共停车场(库)建设，相关用地标准宜符合停车场(库)建设标准的相关规定。

15.2.3 考虑货车尺寸较大,货车流量较大区域的交通能源(加注)站的用地面积经专项论证后可适当增加。

16 给水工程用地

16.1 一般规定

16.1.1 城市给水工程可分为取水工程、净水工程、输水工程和配水工程。净水工程主要包括净水厂和配水厂，取水工程与输配水工程的用地面积主要指泵站用地面积。本章节主要对净水厂和给水泵站提出了设施建设用地标准，与原用地标准一致。

16.1.2 本条规定净水厂的建设用地面积指标根据工程建设规模和建设型式确定。建设规模按日处理水量分为四类。本市实施的现行上海市地方标准《生活饮用水水质标准》DB31/T 1091 大部分指标比现行国家标准《生活饮用水卫生标准》GB 5749 严格，因此出水水质同时执行国家标准和上海市地方标准。

16.1.3 本条对给水泵站用地面积的确定依据进行了说明。

16.1.4 本条对给水泵站用地指标的适用泵站类型进行了说明。

16.1.5 净水厂、给水泵站应落实现行上海市工程建设规范《海绵城市建设技术标准》DG/TJ 08—2298 中海绵城市的建设要求。

16.1.6 本条对净水厂和给水泵站的土地利用方式进行了引导。净水厂宜独立用地，给水泵站可与部分设施综合设置。

16.2 净水厂

16.2.1 净水厂工程建设规模分类和国家标准基本一致，同时考虑本市特大型城市的现实情况，及本市水厂规模超过 50 万 m^3/d 的实际情况，增加了特大型水厂的分类。

16.2.2 本条细化了不同净水处理工艺的步骤与流程，净水厂用地面积则与采用的净水处理工艺密切相关,根据所处的处理工艺环节确定净水厂用地面积。

16.2.3 本条规定了净水厂工程项目的用地构成。

16.2.4 本条提出了净水厂建设用地指标。通过对原用地标准适用性进行评估,在遵循集约用地和因地制宜的原则上,结合本市现状净水厂的用地情况对设施指标进行了调整,具体包括:一是删减了常规处理水厂、配水厂、常规处理＋深度处理水厂三项设施分类及其用地指标,"预处理＋常规处理水厂"表述调整为"常规处理水厂";二是特大型净水厂中的用地指标由"0.25 $m^2/(m^3/d)$"调整为"0.22 $m^2/(m^3/d)$",其余指标保持不变。

16.2.5 本条对工程建设规模超过100万 m^3/d 的净水厂用地指标作了规定。

16.3 给水泵站

16.3.1 本条规定了本市给水泵站按照日处理水量分为四类,新增了特大型给水泵站类型。

16.3.2 本条规定了给水泵站工程项目建设的用地构成。根据本市实际情况,在部分给水泵站内增设了水量调节池及配套设施功能,并明确相应用地面积。

16.3.3、16.3.4 条文提出了给水泵站建设用地指标。对于常规项目,按照基本指标予以管控。

通过对本市现状给水泵站用地情况进行梳理分析,发现收集的样本资料中45%的给水泵站项目设置了水量调节池。本标准在借鉴深圳等省市先进经验的基础上,结合本市典型案例分析研究情况,增加了特大型给水泵站用地指标及含水量调节池的给水泵站的用地指标,不含水量调节池的给水泵站的用地指标不变。

16.3.5 本条对于给水泵站设置了生物预处理设施的情况,明确了用地面积测算规定。

17 排水工程用地

17.1 一般规定

17.1.1 本条规定了城镇排水设施的主要设施类型。相比原用地标准删减了通沟污泥转运站、管道养护人员工作场所两类设施的用地标准。

17.1.2 本条规定了城镇污水处理厂的建设用地面积应根据工程建设规模和建设形式确定。本市最新管理规定明确污水厂尾水排放标准不低于一级A的控制指标,其中氨氮和总磷执行地表水Ⅳ类水标准。因此,本标准不再区分城镇污水处理厂的污水处理级别,统一按照二级处理加深度处理工艺,出水水质执行现行国家标准《城镇污水处理厂污染物排放标准》GB 19818的一级A及以上标准。

17.1.3 本条规定了城镇污水泵站和雨水泵站的建设用地面积确定依据。

17.1.4 本条规定了雨水调蓄池建设用地面积的确定依据。

17.1.5 本条说明本标准为单项排水工程的建设用地指标。城镇排水工程应积极采用节地工艺、节地技术,通过集约化布置来减少用地,提高土地利用率。

17.1.6 本条规定了城镇排水工程设施类型的土地利用方式。对于环境影响较大且对土地要求较高的城镇污水处理厂、污水泵站、雨水泵站等设施,宜独立用地;雨水调蓄池宜综合设置。

17.2 城镇污水处理厂

17.2.1 本条规定了城镇污水处理厂工程建设规模分类分级。建设规模以城市污水处理量为分类依据，根据本市实际情况分为六类。

17.2.2 本标准将城镇污水处理厂的建设形式分为地上常规污水处理厂和集约一体化布置的地下（半地下或全地下式）污水处理厂两种型式。近年来地下式污水处理厂在国内得到了大范围的推广，其采用集约一体化布置形式，用地指标比常规地上污水处理厂要低。因此，本标准对两种不同形式的污水处理厂分别设定了建设用地指标。

17.2.3 本条规定了城镇污水处理厂工程项目建设用地构成的主要内容。

17.2.4 本条规定对于常规项目按照基本指标予以管控。对于非常规设施类型、处理工艺的污水处理厂，可在基本指标的基础上，按照限定条件予以调整。

17.2.5 本条规定了城镇污水处理厂建设用地指标，主要分地上常规污水处理厂和集约一体化布置的地下污水处理厂两种形式。

通过对原用地标准适用性进行评估，遵循集约用地和因地制宜原则上，结合本市现状污水厂的用地情况，对地上常规污水处理厂的部分指标进行了调整，其余指标保持不变。指标对比如表11所示。

表 11 城镇污水处理厂用地指标变化比对

建设规模 （万 m^3/d）	原用地标准		本标准	备注
	二级处理污水厂 用地指标 $[m^2/(m^3/d)]$	深度处理 $[m^2/(m^3/d)]$	总用地指标 $[m^2/(m^3/d)]$	
特大（>100）	0.50～0.45	0.20～0.15	≤0.45	调整

续表11

建设规模 （万 m³/d）	原用地标准		本标准	备注
	二级处理污水厂 用地指标 [m²/(m³/d)]	深度处理 [m²/(m³/d)]	总用地指标 [m²/(m³/d)]	
Ⅰ类(50~100)	0.50~0.45	0.20~0.15	0.65~0.45	调整
Ⅱ类(20~50)	0.60~0.50	0.20~0.15	0.80~0.65	不变
Ⅲ类(10~20)	0.70~0.60	0.25~0.20	0.95~0.80	不变
Ⅳ类(5~10)	0.85~0.70	0.35~0.25	1.20~0.95	不变
Ⅴ类(1~5)	1.20~0.85	0.75~0.35	1.75~1.20	调整

对于集约一体化布置地下污水处理厂的建设用地指标，目前尚无相关的标准和规定。通过统计国内已建的 1 万 m³/d 规模以上的近百座地下污水处理厂的实际用地指标（表12），经综合分析确定了地下污水处理厂的建设用地指标范围。

表 12 国内已建地下污水处理厂用地指标统计

建设规模（万 m³/d）	用地指标统计值[m²/(m³/d)]		
	最小值	平均值	最大值
Ⅰ类(50~100)	0.24	0.47	0.70
Ⅱ类(20~50)	0.16	0.39	0.89
Ⅲ类(10~20)	0.18	0.44	0.77
Ⅳ类(5~10)	0.18	0.55	1.11
Ⅴ类(1~5)	0.30	0.71	1.43

在上述分析基础上，以节约集约用地为原则，同时兼顾不同项目的特殊情况，对指标进行了修正，形成用地控制指标区间管控值，见表13。

表 13 半地下或全地下污水处理厂用地指标

建设规模(万 m^3/d)	用地指标[$m^2/(m^3/d)$]
特大(>100)	0.40
Ⅰ类(50~100)	0.45~0.40
Ⅱ类(20~50)	0.60~0.45
Ⅲ类(10~20)	0.75~0.60
Ⅳ类(5~10)	1.00~0.75
Ⅴ类(1~5)	1.40~1.00

17.2.6、17.2.7 经过样本资料统计分析，辅助生产、行政办公与生活服务设施用地面积占比一般为本标准第17.2.5条用地面积的5%~15%，附属设施用地不宜超过本标准第17.2.5条用地面积的10%。对于设置了污泥处理工艺的项目，可根据实际情况，经专项论证，适当增加用地面积。

17.3 污水泵站

17.3.1 本条规定城镇污水泵站工程建设规模按日输送水量分为六类。

17.3.2 本条规定了污水泵站建设用地构成的主要内容。

17.3.3 本条规定了污水泵站的建设用地指标。通过对原用地标准适用性进行评估，发现Ⅴ类污水泵站受地形、退界影响较大，用地指标难以满足功能布置需求。本标准对比工程案例情况，结合本市城市管理退界的管控要求，遵循节约集约用地原则，对Ⅴ类1万 m^3/d~5万 m^3/d 的用地指标进行了调整，其余指标保持不变，同时增加了特大类(>100万 m^3/d)的用地指标。指标对比见表14。

表 14 污水泵站用地指标变化比对

建设规模	用地指标 [m²/(m³/d)]		调整情况
（万 m³/d）	原用地标准	本标准	
特大（＞100）	—	≤0.0047	新增
Ⅰ类（50～100）	0.0054～0.0047	0.0054～0.0047	不变
Ⅱ类（20～50）	0.010～0.0054	0.010～0.0054	不变
Ⅲ类（10～20）	0.015～0.010	0.015～0.010	不变
Ⅳ类（5～10）	0.020～0.015	0.024～0.015	调整
Ⅴ类（1～5）	0.055～0.020	0.08～0.024	调整

17.4 雨水泵站

17.4.1 本条规定了城镇雨水泵站工程建设规模按设计秒流量分为四类。

17.4.2 本条规定了雨水泵站建设用地构成的主要内容。

17.4.3 本条规定了雨水泵站的建设用地指标。

通过开展原用地标准适用性评估，发现建设规模 1 000 L/s～5 000 L/s 雨水泵站因退界影响，用地指标普遍偏小，其余用地指标均偏大。本标准对比工程案例实际用地面积，结合本市城市管理退界的管控要求，遵循节约集约用地原则，对雨水泵站的用地布局作了优化。本标准在满足泵站运行管理需求，同时兼顾泵站建设和运行总体技术经济合理性的基础上，综合考虑地块形状、进出水管布置等对泵站的影响，对泵站指标进行了调整，1 000 L/s 雨水泵站用地指标调高了 10% 左右，其余指标调整为原指标的 70%～80%。指标对比情况见表 15。

表 15 雨水泵站用地指标变化比对

建设规模 (m³/s)	用地指标 [m²/(m³/s)]		调整情况
	原用地标准	本标准	
20～30	0.35～0.28	0.21～0.19	调整
10～20	0.42～0.35	0.30～0.21	调整
5～10	0.56～0.42	0.46～0.30	调整
1～5	0.77～0.56	0.80～0.46	调整

17.4.4 对于雨污水合流的泵站用地指标,在本标准第17.4.3条用地面积基础上,按照调整系数1.1予以测算。

17.5 雨水调蓄池

17.5.1 本条根据工程案例情况,按照雨水调蓄容量将雨水调蓄池细分了四类。

17.5.2 本条提出了雨水调蓄池建设用地构成的主要内容。

17.5.4 本条根据工程案例建设情况,修正了用地指标下限值,结合调蓄容量将原"0.35 m²/m³～0.40 m²/m³"调整为四个类别,控制值在"0.20 m²/m³～0.40 m²/m³"区间范围内。

18 电力工程用地

18.1 一般规定

18.1.1 本条规定了电力工程的设施类型及电压等级。电力系统电压等级分为 1 000 kV、500 kV、220 kV、110 kV、35 kV 和 10 kV 交流六级以及 ±800 kV、±500 kV 直流二级。其中 1 000 kV、500 kV 和 220 kV 等级系统属于城市输电主干网，110 kV 和 35 kV 为高压配电网，10 kV 电网属于中压配电网。直流系统通常作为本市外来电的受电通道。

考虑近年来 500 kV 变电站新建需求不大，且 500 kV 变电站用地面积大、受制因素较多，单一因子的影响权重较难有规律可循，在用地上往往需要针对具体情况进行单独设计，因此本标准删减了原用地标准中 500 kV 变电站的用地指标。1 000 kV 变电站原用地标准未覆盖，近期无建设需求，且项目限制影响因素较多，因此本标准也未设置相应用地标准。若后续有建设需求，可通过专项论证综合确定项目用地面积。10 kV 配电站原用地标准未覆盖，建设需求多，但主要与其他市政设施综合设置，暂无独立用地需求，因此本标准也未设置相应用地标准。

18.1.2 根据现行国家标准《城市电力规划规范》GB/T 50293 的相关要求，在不同区域可建设全户内式或半户外式、全地下式或半地下式的变电站。本标准结合本市实际运营情况，综合考虑地下变电站受消防、水浸安全隐患较大、能耗高、改扩建困难等因素的影响，提出了不同区域建设变电站的要求。五个新城范围内建设的项目，按照《上海市新城规划建设导则》（沪新城规建办〔2021〕1号）要求建设。

18.1.3 220 kV 变电站、110 kV 变电站供电需求高，影响范围大，应独立用地。35 kV 变电站变电容量相对较小，可与非居住建筑综合设置。

18.2 变电站

18.2.1 本条规定了变电站的建设形式。变电站按建筑空间划分，可分为户内变电站、半户内变电站、户外变电站、合建变电站、地下变电站等类型。为集约用地，本市今后主要采用户内变电站和地下变电站两种类型。

18.2.2 变电站是电力设备的集结装置，在电力系统中担任改变电压的作用，包括阻断、连通、变换、调整电压、分配电能等。变电站用地主要由主体建（构）筑物、道路、绿化和辅助建筑构成。其中，主体建（构）筑物包含主变室、散热器室、配电装置室等，占总用地面积 30%～45%。

18.2.3 结合现行标准解析和现状变电站用地分析，综合统筹行业部门需求及行业发展趋势，考虑技术升级改造因素等，本标准为增加指标的适用性，将变电站建设用地指标划分为基本指标和调整指标两部分。

18.2.4 根据变电站的电压等级、建设形式分类设置了建设用地指标。用地指标需同时满足规划建筑退界、电容器和电抗器等电气布置、主变压器及相关设备运输、电缆通道、建筑防火规范中消防通道及转弯半径等站区道路、事故油池布置、消防给水和绿化等相关要求，对 220 kV、110 kV、35 kV 三个电压等级的设施参数、控制指标进行了调整。主要包括：一是原用地标准为固定取值，本标准为区间取值；主城区内采用用地面积下限值，郊区采用用地面积中值；部分项目用地呈不规则形状或短边面向道路或位于道路转角处且道路转弯半径较大，使得平面布置在满足变电站基本功能需求后难以满足消防、绿化等要求时，可使用用地面积上限值。二是原用地标准考虑了建设形式、主变容量、配电装置形式、出线回路数、主接线等多项影响因子,为提高指标适应性,将变电站用地指标的影响因子缩减为前三类主要影响因子,并细分了 220 kV 变电站设施类型。三是本标准适当调高了 35 kV 变电站、110 kV 变电站用地控制指标值,调低了 220 kV 变电站用地控制指标值。

18.2.5 变电站使用的主变容量、配电装置形式与基本指标不一致时,可按要求予以调整:

1 通过对现状变电站样本资料分析,35 kV、110 kV、220 kV 等不同电压等级的变电站,主要结合商办、停车库等综合设置,与非居综合设置的变电站较少,主要面临技术、管理和资金、后期运营维护难等问题或困难。若变电站确需整体嵌入其他设施建筑物内,减少幅度为本标准第 18.2.4 条用地面积的 20%。

2 采用 HGIS 配电形式的 220 kV 变电站,由于 HGIS 不包括母线设备,可适当增加用地面积,增加幅度为本标准第 18.2.4 条用地面积的 10%。

19 燃气工程用地

19.1 一般规定

19.1.1 本条规定了燃气工程用地标准所含燃气设施类型。目前本市的燃气以天然气作为主导气源。根据气种介质形态，天然气分为管道天然气、液化天然气（LNG）和压缩天然气（CNG）。本标准结合国家、本市相关规范的要求及近年来项目用地频率的需求，对设施类型及功能进行了梳理，结合未来发展趋势，确定了以管道天然气作为气源的五类设施的用地标准。相比原用地标准，删减了LNG事故备用调峰站、LNG卫星调峰站、天然气储配站、天然气加压站的设施用地标准，将区域（专用）高中压调压站细分为高压调压站和次高压调压站，增加了清管站设施用地标准。

19.1.2 本条规定了燃气工程的建设形式。天然气具有易燃易爆的特性，燃气场站站内防火间距以及与场站外其他建（构）筑物防护距离要求均较高，各建筑单体之间距离必须满足防火、防爆、防震、防噪的要求，因此燃气工程应独立用地。燃气场站平面布置在满足生产及工艺流程需求的前提下，应尽可能紧凑合理，以达到节约集约利用土地的目的。

19.2 门 站

19.2.1 本条规定了门站的功能。门站是接收长输管道来气输向城镇管道的分界线，是城镇分配管网的气源站。在门站内，天然气经过过滤、除尘、调压、计量和加臭后送入城镇或工业区的管网。

19.2.2 本条提出了门站建设用地要素的构成。现行国家标准《城镇燃气设计规范》GB 50028 适用于设计压力为 $1.6\ \text{MPa} < P \leqslant 4.0\ \text{MPa}$ 的高压及以下的城镇燃气工程设计。本市门站进站压力通常为 6.3 MPa，为超高压，对设施的安全要求更高，因而配建设施比普通门站多，如增加加热区等。通过对门站样本资料进行梳理，提出了本市门站设施用地中常规基本设施类型。

19.2.3 本条规定了不同设计规模下门站的建设用地面积。通过对原用地标准适用性进行评估，发现单位用地指标区间范围过大，本标准根据新的形势与要求予以了修订。

门站建设用地面积需同时满足工艺布置、设备运输、管道布局、站内道路、消防给水和绿化等相关要求。门站站内道路宽度、转弯半径及各建（构）筑物之间以及与站外建（构）筑物之间的防火间距应符合现行国家标准《建筑设计防火规范》GB 50016、《城镇燃气设计规范》GB 50028、《石油天然气工程设计防火规范》GB 50183 及现行上海市工程建设规范《城镇高压、超高压天然气管道工程技术规程》DGJ 08—102 的有关规定。生产区应设置环形消防车通道，消防车通道宽度不应小于 3.5 m，消防车道靠建筑外墙一侧的边缘距离建筑外墙不宜小于 5 m。生产办公楼前设计进站缓冲区域，道路宽度不宜小于 6 m；转弯外半径应满足运送大型设备的车辆及消防车辆的转弯要求，不宜小于 9 m。

本市门站在满足基本功能的基础上，增加了清管发送和接收、消防、加热及加压等功能，因此工艺设施、人员编制及配套设施有所增加，相应的防火间距有所增加。通过对本市已建成新港、白鹤、临港、练塘、金卫、崇明 6 座门站的统计分析，在满足上述规范要求的前提下，适当考虑了设施设备选型差异和后续扩建空间，优化调整了用地指标控制值。

与原用地标准相比，本标准主要根据不同等级设计规模，将门站（原首站）用地指标细分为 3 档。由单位用地指标控制调整为用地总规模控制，原则上设计规模小的采用用地面积下限值，设计规模大的采用用地面积中值。部分项目用地呈不规则形状，使得平面布置在满足项目基本功能需求后难以满足消防、绿化等要求时，可使用用地面积上限值。

19.3 清管站

19.3.1 清管站为本标准新增的设施类型。清管站是指发送或（及）接收清管器及检测装置的场站。根据本市清管站建设情况，清管站分为无人值守站和有人值守站。今后主要以建设无人值守清管站为主。

19.3.2~19.3.4 条文规定了无人值守清管站、有人值守清管站建设用地要素的构成及其用地面积。

清管站建设用地范围内道路宽度、转弯半径及各建（构）筑物之间的防火间距应符合现行国家标准《建筑建设防火规范》GB 50016 和《石油天然气工程设计防火规范》GB 50183 的有关规定。控制站内各建（构）筑物与站外建（构）筑物安全间距，需符合现行上海市工程建设规范《城镇高压、超高压天然气管道工程技术规程》DGJ 08—102 的有关规定。

结合样本资料分析及项目特点，在满足规范要求前提下，综合考虑设施设备选型差异和后续扩建空间，确定了有人值守清管站、无人值守清管站的用地指标控制值。原则上，设计规模小的采用用地面积下限值，设计规模大的采用用地面积中值。部分项目用地呈不规则形状，平面布置在满足项目基本功能需求后难以满足消防、绿化等要求时，可使用用地面积上限值。

19.4 高压调压站

19.4.1 本条将原用地标准中"区域（专用）高中调压站"调整为了高压调压站和次高压调压站，规定了高压调压站的主要类型。

高压调压站是指接收门站来气向更低级压力进行调整的场站,具有分析、过滤、调压、计量、加臭、清管及收发检测装置等功能。本标准结合本市高压调压站建设情况,区分无人值守站和有人值守站确定用地指标。

19.4.2、19.4.3 条文提出了无人值守高压调压站、有人值守高压调压站建设用地要素构成。通过对原用地标准适用性进行评估,发现单位用地指标区间范围过大,本标准根据新的形势与要求予以了修订。通过样本资料进行梳理分析,明确了门站中基本设施的建设类型,形成了平面布置示意图如图1所示。

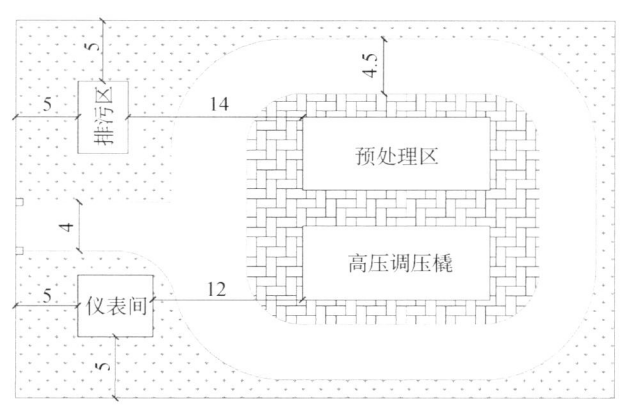

图1 无人值守高压调压站典型平面布置示意图(m)

19.4.4 本条规定了不同类型及不同设计规模下高压调压站建设用地面积。

高压调压站建设用地面积需同时满足工艺布置、设备运输、管道布局、站内道路、消防给水和绿化等相关要求。高压调压站属于燃气五级场站,站内道路宽度、转弯半径及各建(构)筑物之间的防火间距应符合现行国家标准《建筑建设防火规范》GB 50016和《石油天然气工程设计防火规范》GB 50183的有关规定。控制站内各建(构)筑物与站外建(构)筑物安全间距,需符合现行上海市工程建设规范《城镇高压、超高压天然气管道工程技术规程》DGJ 08—102的有关规定。

国内常规高压调压站为无人值守站,工艺设施采用撬装一体化设备,设备尽可能小型化。有人值守高压调压站工艺设施宜采用现场拼装,在满足基本功能的基础上,增加了智能清管器接收、加热、排污等功能,因此工艺设施、人员编制及配套设施有所增加,相应的防火间距增大。在满足上述规范要求的前提下,综合考虑了设施设备选型差异和后续扩建空间,对设施控制指标进行了调整。与原用地标准相比,本标准主要从两方面予以了调整:一是用地指标按照无人值守高压调压站和有人值守高压调压站分别测算;二是根据设计规模,将高压调压站用地指标细分为两档,由单位用地指标调整为用地总规模控制。原则上,设计规模小的采用用地面积下限值,设计规模大的采用用地面积中值。部分项目用地呈不规则形状,平面布置满足项目基本功能需求后难以满足消防、绿化等要求时,可使用用地面积上限值。

19.5 次高压调压站

19.5.1 本条将原用地标准中"区域(专用)高中调压站"调整为高压调压站和次高压调压站,并规定了次高压调压站的类型及进站压力。次高压调压站接收高压调压站来气后向更低级压力进行调整的场站,进站压力为 $0.4~\text{MPa} < P \leqslant 1.6~\text{MPa}$。

19.5.2 本条提出了次高压调压站用地要素的构成。本市次高压调压站通常设置在市区,服务范围广,环保与安全要求高,需设置独立的仪表间等。

19.5.3 通过对原用地标准适用性进行评估,发现单位用地指标区间范围阈值不合理,本标准根据新形势与新要求进行了修订。通过梳理本市多个次高压调压站用地样本资料,发现调压站设计规模从 2 万 m^3/h 到 15 万 m^3/h 不等,用地面积从 457 m^2 到

2 905 m² 不等。同时与现行国家标准《城镇燃气规划规范》GB/T 51098 中次高压调压站控制要求与区域进行了比对，设施用地面积基本一致。本条在满足设施基本功能的前提下，综合考虑场站特点，由单位用地指标调整为用地总规模控制。

与原用地标准相比，本标准考虑不同等级设计规模，将次高压调压站用地指标细分为3档，将控制指标由单位用地指标调整为用地总规模。原则上，设计规模小的采用用地面积下限值，设计规模大的采用用地面积中值。部分项目用地呈不规则形状，使得平面布置在满足项目基本功能需求后难以满足消防、绿化等要求时，可使用用地面积上限值。

19.6 阀　室

19.6.1　本条规定了阀室的功能及类型。阀室是指长距离高压管道沿线安置阀门的地上构筑物。根据本市阀室建设情况，阀室分为单阀室和双阀室。阀室宜设在郊区，主城区内以阀井形式建设，阀门的最大公称通径为800 mm。

19.6.2　本条提出了阀室用地要素的构成。单阀室和双阀室典型平面布置示意图如图2、图3所示。

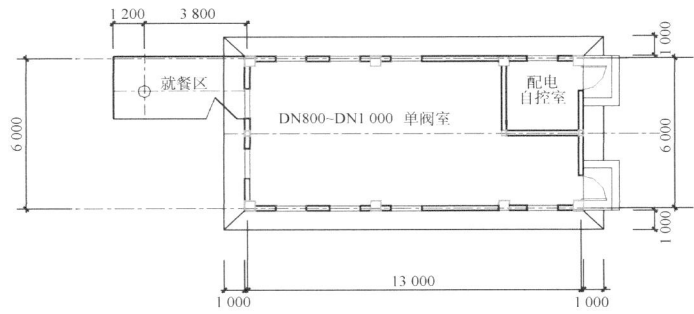

图2　单阀室典型平面布置示意图(mm)

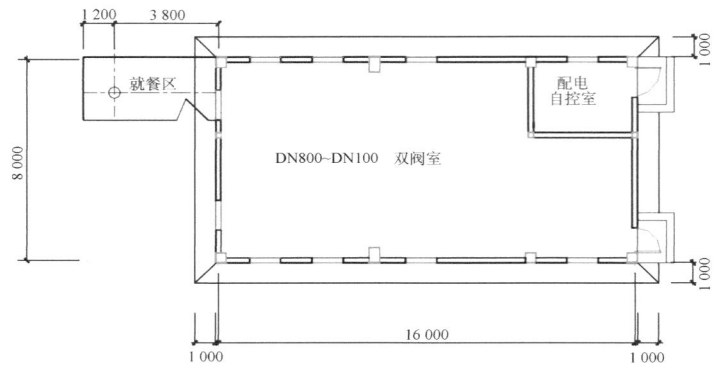

图3 双阀室典型平面布置示意图(mm)

19.6.3 本条规定了不同类型阀室的用地面积。通过对原用地标准适用性进行评估,发现阀室用地面积已无法满足设计规范的相关要求,本标准根据新的要求进行了修订。通过对现状阀室进行梳理,结合实际用地需求、衔接国家规范,适当增加了设施指标控制值,提出了单阀室和双阀室用地的管控值。原则上采用用地面积下限值,部分项目用地呈不规则形状,使得平面布置在满足项目基本功能需求后难以满足消防、绿化等要求时,可使用用地面积上限值。

20 水利工程用地

20.1 一般规定

20.1.1 本条规定了水利工程用地的主要类型,主要对水利(河道)用地以外的水利水闸工程设施和水利泵站工程设施两大类设施设置了建设用地指标。设施类型与原用地标准一致。

20.1.2 水利水闸工程和泵站工程布置受地形、地质、门型、泵型、用途等众多因素影响,用地指标宜采用区间用地标准形式控制。对于特大型泵、闸工程,仍需按照国家相关标准执行。

20.1.3 本市水闸和泵站多采用合建形式布置,泵闸合建工程根据泵站和水闸的规模综合确定,采用相对较大的用地标准更符合工程实际建设需求。

20.1.4 本标准提出了水利设施中管理用房的土地利用方式。

20.2 水利水闸工程

20.2.1 水利水闸工程根据水闸工程的重要性及规模分为两类,用地指标根据所属类别控制。

20.2.2 本条根据水闸工程的性质和特点,以工程布置总长和规划控制宽度来控制工程用地指标。水利水闸工程布置总长、规划控制宽度指规划河口线以外管理用房等配套管理设施用地范围,不含进场道路范围。根据本市实际情况,两岸控制宽度按照区间范围予以管控,沿用原用地标准控制值。

20.2.3 本条规定了工程单岸布置管理用房时,两岸控制宽度的计算规则。根据水闸工程的性质和特点,工程用地指标以工程布置总长和规划控制宽度来控制。水闸主体结构布置多位于现状和规划河口范围内,属于水利(河道)用地,两岸控制宽度包括了河道两岸 6 m～10 m 防汛通道与绿化范围。闸门孔径小于 5 m 的水闸工程的管理区不再单独占用水利(河道)用地以外的土地。本条不适用于对船闸工程的用地控制。由于水闸工程受地形、地质、地段等因素影响较大,对于特殊岸段特殊地形地质条件,可根据实际情况,通过专项论证研究确定其控制宽度指标。

20.3 水利泵站工程

20.3.1 本条明确水利泵站工程根据泵站工程的重要性及规模分为三类,用地指标根据所属类别控制。

20.3.2 本条根据泵站工程的性质和特点,以工程布置总长和规划控制宽度来控制工程用地指标。水利泵站工程布置总长、规划控制宽度指规划河口线以外管理用房等配套管理设施用地范围,不含进场道路范围。根据本市实际情况,两岸控制宽度按照区间范围予以管控,沿用原用地标准控制值。

20.3.3 本条规定了工程单岸布置管理用房时,两岸控制宽度的计算规则。泵站主体结构多布置于现状和规划河口范围内,属于水利(河道)用地,两岸控制宽度包括了河道两岸 6 m～10 m 防汛通道与绿化范围。流量小于 2.5 m^3/s 的泵站工程不再单独占用水利(河道)用地以外的土地。由于泵站工程受地形、地质、地段等因素影响较大,对于特殊岸段特殊地形地质条件,可根据实际情况,通过专项论证研究确定其控制宽度用地指标。本条不适用原水闸两侧扩建泵站的项目。

21 环卫工程用地

21.1 一般规定

21.1.1 本条衔接了现行国家标准《城市环境卫生设施规划标准》GB/T 50337 的相关规定,结合本市实际情况,确定了本标准环卫工程中常见的设施类型。相比原用地标准,删减了公共厕所、垃圾容器间、小型垃圾收集站、粪便预处理厂、环卫作息场所、基层环境卫生机构等用地指标,增设了湿垃圾厌氧处理设施、建筑垃圾处理设施等用地标准,将垃圾综合处理厂更名为湿垃圾堆肥处理设施,餐厨垃圾处理厂纳入湿垃圾厌氧处理设施中。

21.1.2～21.1.4 条文规定收集设施、转运设施、处理设施及其他环卫设施用地标准确定的依据和原则。由于处理设施的用地与工艺和工程建设内容关系密切,在标准条文中进行了说明。

21.1.5 收集设施、转运设施、处理设施、其他设施的建设,宜满足现行上海市工程建设规范《海绵城市建设技术标准》DG/TJ 08—2298 的要求。

21.1.6 本条规定了环卫工程涉及的设施类型的土地利用方式。对于环境影响较大且对土地要求较高的处理设施,宜独立用地。多种环卫设施宜集中建设,其他设施可综合设置或与市政设施综合设置,提高土地利用率。

21.2 水域保洁作业管理基地

21.2.1 本条提出了水域保洁作业基地设置原则和面积。原用地标准用地指标经综合评估后仍适用,继续沿用。

21.2.2 本条提出了水域保洁管理基地设置原则和面积。原用地标准用地指标经综合评估后仍适用,继续沿用。

21.3 垃圾转运站

21.3.1 本条提出了垃圾转运站工程建设规模划分标准。通过对现状设施进行梳理,在原用地标准的基础上增加了Ⅴ类的分类。

21.3.2 本条规定了垃圾转运站的设置应满足垃圾转运功能,用地应符合基本指标要求。对于拓展了分类分拣功能的,或处理规模较大的垃圾转运站,本标准设置了相应调整指标。

21.3.3 通过对已建成垃圾转运站用地情况进行分析(表16),原用地标准中设计规模Ⅰ类(1 000 t/d～3 000 t/d)、Ⅱ类(450 t/d～1 000 t/d)、Ⅲ类(150 t/d～450 t/d)对应的用地指标偏大,同时本标准衔接了现行国家标准《城市环境卫生设施规划标准》GB/T 50337、现行行业标准《生活垃圾转运站技术规范》CJJ/T 47及《生活垃圾转运站工程项目建设标准》建标117等相关规定,结合本市实际情况,为促进土地节约集约利用调整了用地指标,平均降幅达30%。

表16 样本资料项目用地基本情况

案例	处理工艺	处理量(t/d)	用地面积(m^2)
黄浦区垃圾中转站	竖式压缩工艺,半地下布置。渗沥液不外排,和生活垃圾一起外运处置	生活垃圾600	6 433
浦东新区罗山路垃圾中转站	竖式压缩工艺,地上式布置。渗沥液不外排,和生活垃圾一起外运处置	生活垃圾800	15 800
徐浦垃圾中转站	原设计采用水平压缩工艺,现改建为竖式压缩工艺,地上式布置。渗沥液不外排,和生活垃圾一起外运处置	生活垃圾3 050	20 078

21.3.4 本条提出了适用调整指标的几种情况。大件垃圾是指重量超过 5 kg 或体积超过 0.2 m³ 或长度超过 1 m,且整体性强而需要拆解后再利用或处理的废弃物(或废家具)及各种废家用电器、电子产品等。对于转运站中拓展的可回收物分选和大件垃圾处理等分拣功能的转运站,经专项论证后,按照本市"两网融合"的相关规定适当增加用地面积,增加幅度不宜超过表 17 的要求。

表 17 含分拣功能的转运站设施增加用地指标

分拣回收量(t/d)	用地面积(m²)
≥10	≤500
≥50	≤2 000
≥150	≤5 000

同时,对于超大型转运站,明确了计算用地面积的口径。对于拆除垃圾和装修垃圾等建筑垃圾的转运设施,可按照本标准相关规定执行。

21.4 垃圾转运码头

21.4.1 本条规定了垃圾转运码头用地指标值。主要根据岸线长度计算得到。

码头岸线长度为设计船型长度加富裕宽度或者设计并靠船舶的总长度加富裕宽度之和。富裕宽度按表 18 确定。原用地标准用地面积经综合评估后仍适用,继续沿用。

表 18 码头岸线富裕宽度确定参数

设计船型载货量(t)	富裕宽度(m)
≤300	0.5~1.0B
>300	1.0~1.5B

21.4.2 本条提出了附设垃圾压缩装箱功能的垃圾转运码头用地标准的确定原则。

21.5 垃圾焚烧厂

21.5.1 本条提出了垃圾焚烧厂工程建设规模划分要求。原用地标准用地面积经综合评估后仍适用,继续沿用。

21.5.2 本条充分衔接现行国家标准《生活垃圾处理处置工程项目规范》GB 55012 中生活垃圾焚烧厂必须配置的设施类型,结合本市实际情况,提出了垃圾焚烧厂的主要建设内容及处理工艺的基本流程。

21.5.3 本条提出了不同规模等级垃圾焚烧厂的建设用地指标。原用地标准用地面积经综合评估后仍适用,继续沿用。

21.5.4 本条提出了特大型焚烧厂用地标准使用的相关要求。

21.6 垃圾卫生填埋场

21.6.1 本条提出了垃圾卫生填埋场处置的对象。

21.6.2 本条提出了垃圾卫生填埋工程的分类情况。

21.6.3 本条衔接了现行国家标准《生活垃圾卫生填埋处理技术规范》GB 50869 中生活垃圾卫生填埋场的相关内容,提出了垃圾卫生填埋处理工程项目主要建设内容和用地构成。

21.6.4 本条提出了垃圾卫生填埋处理工程项目的用地指标。原用地标准用地指标经综合评估后仍适用,继续沿用。同时,结合本市实际情况,明确了填埋库区占地块总面积的比例,增设了行政办公与生活服务设施用地占比,用于管控垃圾填埋场中附属设施的用地面积。

21.7 湿垃圾堆肥处理设施

21.7.1 本条提出了垃圾堆肥处理设施工程建设规模分类,沿用原用地标准的分类。

21.7.2、21.7.3 条文提出了垃圾堆肥处理设施工艺及主要建设内容。其中,主发酵是堆肥处理厂的核心工序,其他工序可根据不同的工艺要求进行优化组合。组合的选择原则是配合主发酵运行,提高堆肥处理综合效率,提高堆肥产品和可回收废品质量,降低建设和运行成本。堆肥工艺与设备是垃圾堆肥处理设施的核心,堆肥处理厂房是布置堆肥工艺设备的建筑物,其他设施均为堆肥处理配套设施。因此,在堆肥处理设施总平面布置时,应以堆肥处理厂房为主体进行布置。

21.7.4 本条按不同的建设规模确定了垃圾堆肥处理设施用地指标。原用地标准经综合评估后适用,继续沿用。

21.7.5 本条提出处理工艺复杂情况下建设用地指标的确定依据。对于采用特殊工艺流程或增加了产品深加工处理、残余物处理的,其建设用地指标增加幅度不宜超过本标准第21.7.4条用地面积的10%。

21.8 湿垃圾厌氧处理设施

21.8.1 本条界定了湿垃圾厌氧处理设施的处理对象。

21.8.2 本条规定了湿垃圾厌氧处理设施处理工艺和建设内容。

21.8.3 根据本市环境卫生发展规划的相关要求,提高厌氧消化为主的集中处理能力是湿垃圾处理主要发展方向。通过对收集到的样本资料处理工艺、建设规模、处理规模进行综合研究与分析(表19),提出单位用地指标 $85\ m^2/(t \cdot d) \sim 130\ m^2/(t \cdot d)$ 的控制值。

表 19　部分样本资料项目用地基本情况

案例	处理工艺	处理量（t/d）	用地面积（m²）	单位指标[m²/(t·d)]
生物能源再利用项目一期	餐饮垃圾采用"分选＋除砂＋提油＋制浆＋湿式厌氧产沼"的组合工艺；厨余垃圾采用"破袋＋磁选＋筛分＋干式厌氧产沼"的组合工艺；湿式和干式厌氧产生的沼气经存储及预处理后，除用于锅炉产蒸汽外，其余发电自用，余电上网。厌氧产生的沼液经"挤压＋振动＋离心"脱水后，沼渣泵送至干化机，干化后外运焚烧厂处置；脱水清液泵送至老港渗滤液处理站集中处理达标排放	餐饮垃圾400，厨余垃圾600	84 333	84.33
嘉定区湿垃圾资源化处理工程	采用预处理＋湿式厌氧主体工艺。沼气预利用：沼气经过湿式和干式两级脱硫预处理后，用于除锅炉内部供热外燃料为厂区生产提供所需热量，剩余沼气发电上网。污水预处理达到纳管标准后排至市政污水管道；产生的污泥和沼渣脱水后运至焚烧厂处理	餐饮垃圾300，厨余垃圾200	41 933	83.87
松江区湿垃圾资源化处理工程	采用预处理＋湿式厌氧主体工艺。沼气预利用：沼气经过预处理后，用于除锅炉内部供热外燃料为厂区生产提供所需热量，剩余沼气发电上网。污水预处理达到纳管标准后排至市政污水管道；产生的污泥和沼渣脱水后运至焚烧厂处理	餐饮垃圾150，厨余垃圾350	57 483	114.97

21.8.4　若沼渣处理系统包含深化处理工艺的，可根据专项论证要求适当增加用地面积。

21.9 建筑垃圾处理设施

21.9.1 根据本市垃圾管理条例的要求,本市首次对建筑垃圾处理设施用地指标开展了研究工作,确定了建筑垃圾资源化处理的对象及采取的工艺。

21.9.2 本条充分衔接现行国家标准《生活垃圾处理处置工程项目规范》GB 55012中建设内容相关规定,同时通过研究发现建筑垃圾处理设施用地面积与暂存场地关系密切,本市来料暂存和产品暂存不大于7 d较为常见,本标准按照7 d的暂存场地确定了建筑垃圾处理设施的建设用地指标。

21.9.3 本条结合样本资料统计分析与研究(表20),确定了拆除垃圾和装修垃圾处理项目用地指标值。

表20 部分样本资料基本情况

案例	处理工艺	处理量 (t/d)	用地面积 (m^2)	单位指标 [$m^2/(t \cdot d)$]
老港再生建材利用中心项目一期	装修垃圾采用棒条筛+双齿辊破碎+两级振动筛+磁选+风选分选工艺,拆房垃圾采用棒条筛+颚式破碎+两级振动筛+磁选+风选分选工艺	拆除垃圾1 000,装修垃圾2 000	75 933	25.31
浦东新区建筑装潢垃圾资源化利用处置厂项目	装修垃圾采用破袋+筛分+风选+破碎+分级筛分选工艺	装修垃圾2 000	41 405	20.70
青浦区再生建材利用中心项目	装修垃圾采用两级破碎+两级筛分+多级杂物复合分选工艺,拆除垃圾采用两级破碎+两级筛分+多级杂物分选工艺	拆除垃圾500,装修垃圾1 000	47 733	31.82

续表20

案例	处理工艺	处理量（t/d）	用地面积（m²）	单位指标[m²/(t·d)]
嘉定区建筑垃圾资源化再利用工程	多级筛分+破碎+制砖工艺	装修垃圾 1 500	48 180	32.12

21.10 环境卫生车辆停车场

21.10.1、21.10.2 环境卫生车辆主要指用于城市道路清扫、冲洗、洒水及其他作业的车辆，车辆型号不一，对场地面积需求也不同。本标准按照"第14章公交场站用地"公交场站标准车（长12 m、宽2.5 m、高3.5 m）的要求，结合第14.1.5条折算系数来精准测算不同长度环境卫生车辆用地面积，并通过样本资料予以验证（表21），基本满足本市实际情况。

表21 车辆换算系数

类别	车长范围	换算系数
1	5 m～7 m（含）	0.5
2	7 m～10 m（含）	0.8
3	10 m～13 m（含）	1.0
4	13 m～16 m（含）	1.3
5	16 m～18 m（含）	1.5
6	双层	1.5

22 消防工程用地

22.1 一般规定

22.1.1 城市消防救援站分为陆上消防救援站、水上消防救援站和航空消防救援站。本标准主要考虑陆上消防救援站，具体分为普通消防救援站、特勤消防救援站和战勤保障消防救援站等设施类型。普通消防救援站进一步划分为一级普通消防救援站、二级普通消防救援站、小型普通消防救援站和特勤消防救援站。根据行业需求和样本资料，战勤保障消防救援站、消防综合训练基地两类设施近期无建设计划，本标准未纳入。根据相关规范要求，在部分一级普通消防救援站、二级普通消防救援站或特勤消防救援站辖区相邻处可匹配设置小型普通消防救援站，进一步提高高层建筑消防的安全性。本标准相比原用地标准，删减了支队部、消防综合训练基地两项设施用地标准，增设了小型普通消防救援站设施用地标准。

22.1.2 消防救援站宜采用独立用地设置，对于用地困难地区可结合综合性建筑设置，但应具有独立的功能分区。消防救援站可与通信局房综合设置，与给水泵站共用部分内部通道和部分管理用房，但应设置专用出入口，保障正常出勤需要。

22.2 消防救援站

22.2.1 消防救援站用地由场地、房屋建筑等部分构成。场地包括室外训练场、道路、绿化等。房屋建筑包括业务用房、业务附属用房和辅助用房。各类用房可按照表22、表23的要求配置用房和车位。

表 22 消防救援站各类用房分类与建设要求

房屋类别	名称	普通站			特勤站
		一级站	二级站	小型站	
业务用房	消防车库	√	√	√	√
	通信室	√	√	√	√
	体能训练室	√	√	√	√
	训练塔	√	√	△	√
	执勤器材库	√	√	√	√
	训练器材库	√	√	△	√
	被装营具库	√	√	△	√
	清洗室、烘干室、呼吸器充气室	√	√	△	√
	器材修理间	√	√	△	√
	灭火救援研讨、电脑室	√	√	√	√
业务附属用房	图书阅览室	√	√	△	√
	会议室	√	√	△	√
	公众消防宣传教育用房	√	√	△	√
	干部备勤室	√	√	√	√
	消防员备勤室	√	√	√	√
	财务室	√	√	△	√
辅助用房	餐厅、厨房	√	√	√	√
	家属探亲用房	√	√	△	√
	浴室	√	√	√	√
	医务室	√	√	△	√
	心理辅导室	√	√	△	√
	晾衣室(场)	√	√	√	√
	贮藏室	√	√	√	√
	盥洗室	√	√	√	√

续表22

房屋类别	名称	普通站			特勤站
		一级站	二级站	小型站	
辅助用房	理发室	√	√	△	√
	设备用房(配电室、空调机房)	√	√	√	√
	其他	△	△	△	△

注:"√"为必建,"△"为选建。

表 23 消防救援站车库的车位数

类别	普通站			特勤站
	一级站	二级站	小型站	
车位数(个)	6~8	3~5	2	9~12

22.2.2 通过对消防救援站现状建设情况进行实地调研,结合消防设施政策及其标准梳理工作,以及原用地标准的适用性评估,对用地指标予以了调整。主要考虑两方面因素:一是消防救援站存在用地不足的现实情况,主要表现在车位数量不足,部分配置车辆停放占用训练场地;长车位不够,高配置云梯车、大跨距供水车无处停放;训练场地紧凑、仓储用房紧张等。二是消防救援承担防范化解重大安全风险、应对处置各类灾害事故的重要职责,由以灭火为主的消防救援模式向"全灾种"救援要求转变,特别是增加了应对地震、水域救援等自然灾害、非传统风险以及新型救援等方面要求。同时根据国家对消防救援站的设置规定,消防救援站增加了抢险救援和战勤保障职能,对消防救援站在用地标准、建设规模、车辆配置、人员配置等方面提出了有新的要求。

本标准总结现有消防救援站用地实际情况及新增救援功能对用地的需求,与原用地标准相比,将消防站更名为"消防救援站";适当增加了车库车位配置及长车位数量,及其与车位数直接相关的功能用房面积,并适当考虑了基本训练基地的场地需求,对建设用地指标进行了调整。

本标准调整后的消防救援站建设用地指标采用区间形式。原则上,主城区采用用地面积下限值,郊区可采用用地面积中值。部分不规则的项目用地,平面布置在满足基本功能后难以满足消防、绿化等要求时,可使用用地面积上限值。同时形成了典型方案总平面布置图,在满足消防救援实际功能的基础上,紧凑布局,节约集约用地,供后续项目建设中借鉴使用,具体如图 4、图 5 所示。

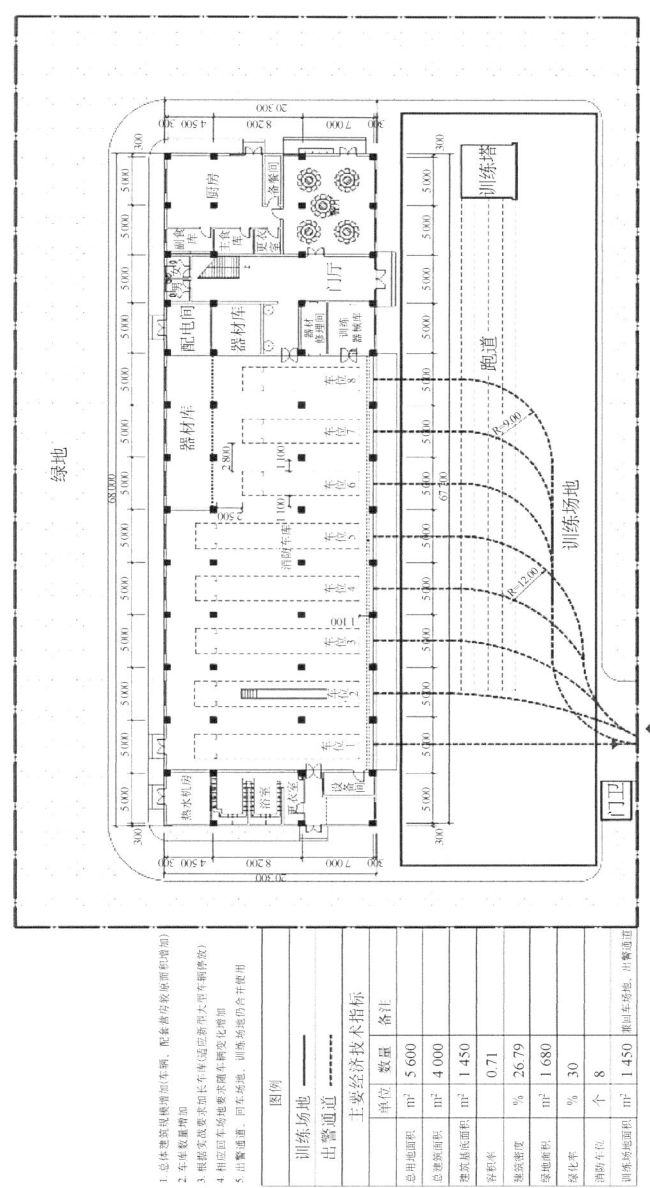

图 4 一级普通消防救援站总体布局示意图

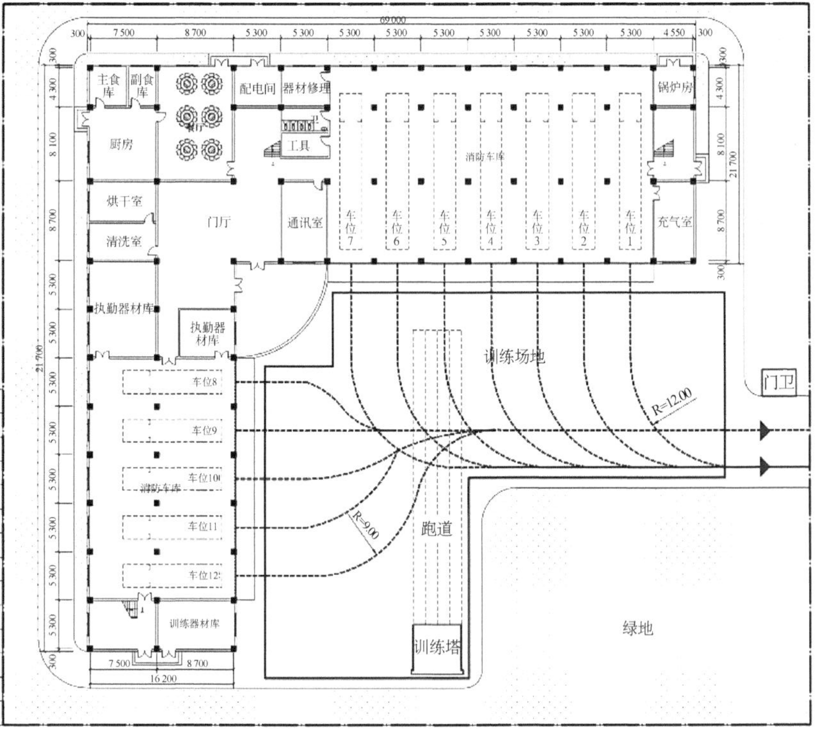

图 5 特勤消防救援站总体布局示意图

图例			
训练场地			
出警通道			
主要经济技术指标			
	单位	数量	备注
总用地面积	m²	7 200	
总建筑面积	m²	5 600	
建筑基底面积	m²	2 100	
容积率		0.78	
建筑密度	%	29.1	
绿地面积	m²	2 160	
绿化率	%	30	
消防车位	个	12	
训练场地面积	m²	1 500	兼运下班岗、出警通道

23 其他市政设施用地

23.1 一般规定

23.1.1 本条主要对地面沉降监测设施提出了建设用地标准。其中,地面沉降监测站包括基岩标、分层标(组)、地下水监测井(组)、GNSS观测墩、水准点、角反射器等多个类型监测设施及保护用房的综合站点;单组地面沉降监测设施是上述不同类型中2个及以上设施组合的网点;独立地面沉降监测设施是上述多个类型中的1个设施的网点。相比原用地标准,本章为新增内容。

23.1.2 本条规定了地面沉降监测站需要综合考虑不同防治管理区地质结构和地面沉降控制指标等技术要求确定设置数量。

23.1.3 本条规定了地面沉降监测设施建设的土地利用方式。对于零星的地面沉降监测设施,宜与其他市政设施综合设置。

23.2 地面沉降监测设施

23.2.1 本条规定了地面沉降监测站建设用地构成的主要内容。

23.2.2 本条规定了地面沉降监测站的建设用地指标。

通过对已建的地面沉降监测设施进行分析评估,发现主城区地面沉降监测站,如世博会址地面沉降监测站,实际用地面积约 682 m^2;郊区已建9座地面沉降监测站实际用地面积为 1 502 m^2 ~ 3 000 m^2,平均占地面积为 2 278 m^2。按照节约集约利用土地原则,在保障设施基本功能的前提下,提出了分区域地面沉降监测站的用地指标控制值,即主城区 600 m^2 ~ 800 m^2,郊区 1 200 m^2 ~ 1 600 m^2。

23.2.3 本条规定了单组地面沉降监测设施、独立地面沉降监测设施的建设要求，依据其结构特点及建设、维修需求提出相应的用地指标值。单组地面沉降监测设施按照表24予以设置。独立地面沉降监测设施控制在4 m^2～10 m^2。

表24 单组地面沉降监测设施建设用地指标

监测设施数量(个)	用地面积(m^2)
2	20～40
3～4	60～120
5～7	150～300
8～11(及以上)	300～500